莫兰科学笔记 探究式科学教学故事
STORIES FOR INQUIRY-BASED SCIENCE TEACHING

日常科学之谜（四）

YET MORE EVERYDAY SCIENCE MYSTERIES

[美]理查德·科尼赛克-莫兰 著
(Richard Konicek-Moran)
孙 虹
刘 勇

江苏凤凰教育出版社
Phoenix Education Publishing, Ltd

图书在版编目(CIP)数据

莫兰科学笔记.日常科学之谜(四)/(美)理查德·科尼赛克-莫兰著;孙虹译.—南京:江苏凤凰教育出版社,2017.12

ISBN 978-7-5499-7079-7

Ⅰ.①莫… Ⅱ.①理…②孙… Ⅲ.①科学知识—青少年读物 Ⅳ.①Z228.2

中国版本图书馆CIP数据核字(2018)第001147号

书　　名	日常科学之谜(四)
著　　者	理查德·科尼赛克-莫兰(Richard Konicek-Moran)
译　　者	孙　虹
审　　校	刘　勇
责任编辑	韩宇新
出版发行	凤凰出版传媒股份有限公司
	江苏凤凰教育出版社(南京市湖南路1号A楼　邮编210009)
苏教网址	http://www.1088.com.cn
照　　排	南京紫藤制版印务中心
印　　刷	江苏凤凰新华印务有限公司
厂　　址	江苏省南京市新港经济技术开发区尧新大道399号
开　　本	787 mm×1092 mm　1/16
印　　张	14.5
版　　次	2018年1月第1版
	2018年1月第1次印刷
书　　号	ISBN 978-7-5499-7079-7
定　　价	50.00元
网店地址	http://jsfhjycbs.tmall.com
公 众 号	江苏凤凰教育出版社(微信号:jsfhjy)
邮购电话	025-85406265,025-85400774,短信02585420909
盗版举报	025-83658579

目录

致谢

谨以此书献给马萨诸塞州斯普林菲尔德学院优秀的教育工作者、著名的人类学教授罗伯特·巴克曼(Robert Barkman),在过去六年间,他始终鼎力支持我的工作,并在斯普林菲尔德中小学教师研讨班上使用了本书中的故事和技巧。

感谢马萨诸塞州斯普林菲尔德市公立学校诸位爱岗敬业、才华横溢的教师们,在他们的鞭策与鼓励下,我编写了本书的故事和材料,书中内容不仅适合城里学生,同样也适合农村学生。

我要感谢下列教师和行政管理人员,是他们多年来帮我实地检验了本书故事和想法是否适用。这些兢兢业业的教育工作者通过积极鼓励与善意批评,给了我莫大的帮助。

理查德·哈勒(Richard Haller)
乔·安·赫尔利(Jo Ann Hurley)
劳丽·诺斯(Lore Knaus)
罗恩·圣·阿曼德(Ron St. Amand)
蕾妮·洛迪(Renee Lodi)
迪安娜·索马拉(Deanna Suomala)
路易丝·布里顿(Louise Breton)
鲁斯·柴普尔(Ruth Chappel)
特蕾莎·威廉姆森(Theresa Williamson)
马萨诸塞州斯特布里奇市(Sturbridge)伯吉斯小学(Burgess Elementary)三年级教研组

马萨诸塞州斯特布里奇伯吉斯市小学二年级教研组

马萨诸塞州斯特布里奇伯吉斯市小学五年级教研组

马萨诸塞州米尔伯里市(Millbury)的小学教师们

马萨诸塞州斯普林菲尔德市波廷格小学(Pottinger Elementary)的教师和学生们

马萨诸塞州斯普林菲尔德市公立学校全体行政人员和科学专家,他们人数众多,无法一一提及。

感谢在我的研究生班级和本科生班级就读的所有老师们,他们动手编写各种故事应用于自己的课堂教学,并且尝试把我的故事应用于他们的教学之中。

感谢我的导师、已故的哥伦比亚大学威拉德·雅各布森(Willard Jacobson)教授,是他帮助我在大学层次的师范教育领域谋得一席之地。

我要感谢斯基普·斯诺(Skip Snow)、杰夫·克莱恩(Jeff Kline)、里克·希维(Rick Seavey)和吉恩·希维(Jean Seavey)夫妇以及佛罗里达州大沼泽地国家公园里所有的生物学家们,能够与他们共事十年是我的荣幸,是他们帮助我重新找回做一名科学家的感觉。还要感谢大沼泽地国家公园解说小组的成员,他们帮助我重新认识到:你不用明确告诉一个人如何去观察,他也完全有可能掌握其中的技巧;以及指导人们如何在情感上与这个世界建立联系,意义非常重大。

感谢大沼泽地国家公园的护林员玛丽亚·汤姆森(Maria Thomson)、劳瑞·汉弗莱(Laurie Humphrey)、利昂·豪威尔(Leon Howell)、柯克·辛格(Kirk Singer)、鲁迪·贝奥特圭(Rudy Beotegui)以及弗兰基·阿兰扎曼迪(Frankie Aranzamendi)等,他们尽心尽职守护这片野生动植物的家园,既陶冶了我们的情操,也激励我们无私奉献。

我要向美国国家科学教师协会(NSTA)的克莱尔·莱因伯格(Claire Reinburg)表达最诚挚的谢意,他对我的工作充满信心,使我的第一、二、三部书得以顺利出版,目前正在编辑这第四部。同样感谢编辑安德鲁·库克(Andrew Cocke),他帮助我完成了出版的最后一些工序。此外,更要感谢我美貌与智慧并存的可爱妻子凯瑟琳(Kathleen),她不仅大力支持我的工作、提出批评建议,还为植物学部分的故事内容背景绘制插图,而且认真编辑初稿。

最后,我还要感谢所有孩子们,他们热爱这个生活其中的世界。感谢他们的父母和老师,教会他们如何通过学习科学认识这个世界。

前言
教科学与讲科学

过去九年间，我和妻子有幸担任大沼泽地国家公园的自然科学讲解员。园方告诫我们说，讲解不同于教学，我们不应当向游客就鸟类或者植物名称作长篇大论式的报告，而应当帮助他们欣赏公园的美与价值。实际上，园方布置给我们的任务很明确，帮助每一位游客"与自然环境（公园）建立情感联系，而不是像在学校教书那样"。

如此说来，教学与讲解似乎是两个完全不同的概念，这一点我恐怕不敢苟同，或者说，我内心希望这两者应当相似或趋同。"讲解"的同义词有启蒙、阐释、澄清、说明或陈述等，而"教学"可以被定义为启蒙或阐释等。当然，大多数词典在给这两个词下定义时都没有"帮助人们与……建立情感联系"这一义项。然而，我认为，无论是在自然科学还是在其他领域，"与研究对象建立情感联系"或许是一个很不错的主意。

科学是人类为了认识世界而创造出来的学问。数百年来，科学在被发明、重新发明、修正过程中不断进步。科学遵循（或者说应当遵循）自身发展的规律。最初，人们把这门学问当成自然历史或自然哲学，辩论是推动其发展的最好方式。后来，伽利略开创了直接实验的先河，而开普勒、第谷、牛顿以及达尔文等科学家向世人表明，通过对实验数据进行解读，能够形成各种各样的科学理论与假说，由此帮助我们更准确地对日常发生的大小事件进行预测，或者帮助我们在技术上取得长足的进步，做出把人送往月球这样伟大的壮举。

人类对日常发生的事情天生有一种好奇心，本书就是以此为基础写成的。老师和学生应当与他们努力探索的这个世界建立"情感联系"，这一点至关重要。一朵花,一条蠕虫,一只昆虫,你无须与其建立情感联系,也能完全了解它,但是,了解这颗星球上的每一个生命及其生态位,与它们建立一种情感联系,能够帮助我们找准自己在这个世界的位置,看清自己与形形色色的生物如何相生相息、共同进化。

知识能够提高我们的个人修养(价值观)。个人修养是指在没有他人监督的情况下,我们也能自觉做出符合社会道德规范的事情(例如,尽管周围没有他人在场,我们也能自觉把垃圾倒入垃圾桶)。良好的个人修养体现在,即使在没有法律条文的约束下,我们也能用厨余垃圾制作堆肥,循环利用废旧的铝、玻璃以及纸张等,或者去购物时自带购物袋。我们之所以这样做,是因为我们已经与这颗星球建立了情感联系。因此,我认为,老师需要帮助学生与科学事业建立情感联系,以便帮助他们更好地了解这个世界的运行规律,更好解读这个世界的奥秘。

举例而言,游客们来到大沼泽地国家公园,能够了解到各种植物都要历经六个月旱灾和六个月洪灾的磨难,因为这里地处亚热带,每年有干湿两个季节,干旱和洪水足以扼杀这些柔弱的生命,然而它们却顽强地活了下来。游客们在听了我们的讲解之后都会深受触动,从而对这些植物发生浓厚的兴趣,想要进一步了解它们如何各显神通来适应这里恶劣的气候条件。他们开始注意到植物的叶子表面如同涂了一层蜡,叶子形状也各有特色,种子具有休眠期,等等,植物的这些特征能够抵御洪灾给它们造成灭顶之灾。同样,这些植物也能够在旱季最大限度减少水分流失。游客们看到横斑林鸮等各种动物竟然喜欢这里的恶劣环境,崇敬的心情油然而生。人与自然的情感联系就这样建立起来了。我们衷心希望,各位游客能够因此而意识到保护环境的重要性。

你班上的学生或许有过同样的经历。学生在面对海洋、杠杆、玻璃杯外壁的冷凝水、影响我们身体和生活的各种力以及科学自身的发展进程时,应当尽可能与它们建立情感联系。我可以肯定地说,如果学生对教学大纲的各种概念无动于衷的话,他们就不可能真正学到什么、记住什么、理解多少。本书故事的人物和情境设定非常贴近学生的日常生活,因此,能够很容易引起学生的情感共鸣。

近日,一首小诗摆在我的案头,它恰好从一个侧面印证了我在《日常科学之谜》这套书中提出的主张。我希望,你在从事教学工作中时刻牢记诗人在这首诗中的话语以及所要传达的思想。

悠闲

威廉·亨利·戴维斯(1921)

这算哪门子生活：整日忙忙碌碌，
没时间站一站，看一看。
没时间站在树杈底下，
像牛羊那样凝望半天。
没时间在林中经过时瞄上一眼，
松鼠把坚果藏匿于哪簇草丛中间。
没时间看一看白日里小河淌水，
波光闪闪如夜晚繁星满天。
没时间理会美人的顾盼，
欣赏她那双玉足如何起舞蹁跹。
没有时间等待她的唇角
将眼中泛出的笑意渲染？
整日忙忙碌碌，没时间站一站，看一看，
这种生活真惨。

“每日奇迹”

经常有人问我，这些日常科学谜题是从哪里来的？其实它们大都来自我的日常体验。科学就在我们身边，而我们在日常生活中却往往不曾留意，正如俗话说的那样：“我们喜欢把隐匿的秘密找一个遍，却对眼前的东西视而不见。”

我有幸住在乡村的自然环境中。我每天的作息时间十分规律。起床，吃早餐，然后和妻子到林中步行一英里左右，既锻炼了身体，又顺便遛了我们家的澳大利亚牧羊犬。这条狗堪称我们学习的好榜样，因为它总能敏锐地察觉到周围环境在过去 24 小时内新出现的变化。它不停地用鼻子在大地和空气中嗅来嗅去，寻找我们人类感官无法感知到的各种线索。我们一边散步，一边探索“当天的奇迹”。它或许是一群乌鸦正在围攻一只横斑林鸮，也可能是一只红尾鹰用利爪抓着松鼠从我们头顶上方掠过，还可能是一对林鸳鸯在寻找可以筑巢的地方，比如一个大树洞、一片延龄草或赤莲草丛。在夏末时节，或许还有一丛酷似幽灵的水晶兰、一株盛开的叶兰，而一只蜂鸟正在花丛中为飞往南方的长途旅行“加油”。今天，你或许注意到以前从未注意到的一朵橙红色蘑菇，硕大、漂亮又神秘。道路上传来嘈杂的声音，令我们思考声音如何传播的问题。回到家，映入眼帘的是一株株山楂树、堆肥里勤劳忙碌的蚯蚓、新建的温室，整个夏天我们都在为温室内温度大幅波动头疼不已。

教科书中收录了关于行星、太空旅行、植物繁殖以及动物行为等各种妙趣横生的知识，却对这些知识的由来只字不提。这个世界充满形形色色的问题，其中很多问题都可以由儿童和成人通过亲身探索得知答案。这些问题无时无刻不在触动我的感官和大脑，刺激我大脑中“我想知道……”那片区域。我对影子、白天的太阳与月亮以及夜晚的恒星与行星非常好奇。只要我们怀着开放心态睁大眼睛去寻找，就会发现科学奥秘无处不在。更令我惊讶的是，这么多年来，我竟然错过了那么多就在眼皮底下的问题。撰写这一套书，促使我改变自己看待这个世界的方式。我要感谢我的妻子，她是一位植物学家、艺术家兼园艺家，正是她唤醒了我的意识，开始细心观察那些多年来一直被我忽视的东西。人们总是对那些具有新闻价值的科学发现趋之若鹜，却对每天都在我们脚边爬行的小生命、在我们头顶枝头上摇曳的花朵，以及在天空中运行的日月星辰视而不见。试想一下，如果学生（包括老师）都忙着一味追求能够在考试中考出更高分数，他们哪还有闲工夫探索日常生活中的科学奥秘。一旦我开始用童真的视角来观察这个世界，书中的一个个小故事就自然而然地涌现在我面前。或许，这就是我能够发现日常科学谜题的秘诀所在。

撰写《日常科学之谜》故事

当我开始准备编写故事的时候，我跟那些参加研讨班学习的研究生们一起探索这一做法是否可行。我们挑选一些科学话题，把相关的科学现象编写成故事，故事没有结局，而是代之以挑战性的问题，需要读者亲自动脑动手进行实验才能解决，并利用得出的答案为故事续写结局。我们还增加了一些干扰项——孩子们的想法和错误观念——它们也可以被教师用做形成性评价工具。在整个学期期间，我们编写了很多小故事，研究生们在他们的学生中间试用了这些故事。孩子们非常喜欢这些故事，我们也从试用过程中总结出一些经验和教训，以便更好地组织编写这些故事，借助故事提出更为恰当的问题供学生研究。

此后数年间，我跟参加初级科学教学法课程学习的研究生和本科生们共同探讨这一理念。跟其他课程不同的是，我这门课程教学要求中有一项任务，要求学生就某个科学现象编写一则故事，然后还要撰写一篇论文，描述他们是如何在自己的课堂上利用这则故事鼓励学生进行探究式学习的。随着我对这一理念的了解逐渐深入，自身素质也在逐渐提高，从而能够帮助学生改进并完善这些故事和论文的质量。

我了解到，这些在研究生班进修的老师通过与同学以及与导师讨论自己编写的故事，获得很多宝贵的反馈信息，有助于他们进一步完善故事内容。我们经常组织一些不超过5名的小组会议，相互交换意见。我们还设计了一份问题清单，帮助大家弄清楚“具有挑战性的故事”这一概念背后的理论基础。内容如下。

你在编写故事时需要考虑如下几点

你的故事……

(1) 涉及的是一个概念还是一组概念体系？

(2) 涉及的话题能否引起你所针对的那个年龄段学生的兴趣？

(3) 提出的问题能否通过实验活动直接予以解决？

(4) 是否要求学生积极参与——既动手，又动脑？

(5) 是否真正具有开放式的结局？

(6) 是否为学生辨认问题和解决问题提供了足够信息？

(7) 是否考虑到你想让学生使用的材料都很容易找到？

(8) 是否给学生提供机会让他们对故事充分进行讨论并设计实验方案找出问题答案？

(9) 是否把数据收集和分析作为学生进行研究的必要条件？

(10) 是否提供某种方法让你了解学生对这个话题的前概念水平？(可以直接或间接地提出)

慢工出细活。最终，我的学生编写的故事不仅适用于他们自己的课堂教学，而且可以让我用做对他们学习科学教学法课程的评估工具。

时间一天天流逝,有些老师问我,他们能不能借鉴一下我在课堂上使用这些故事的经验。他们鼓励我把这些故事结集出版,也就是你现在看到的这本书。我希望本书能对你在课堂上践行探究式教学有所帮助。或许你能从中受到启发,自己动手为你觉得学生最难弄懂的科学概念编写故事,化难为易,从而提高教学效果。

参考文献

Davies, W. H. 2009. *Collected poems by William H. Davies (1921)*. Whitefish, MT: Kessinger.

Konicek-Moran, R. 2008. *Everyday science mysteries*. Arlington, VA: NSTA Press.

绪论

如何在课堂上使用故事教学的案例分析

在正式开始前，我想首先给你讲述《日常科学之谜》(一)(*Everyday Science Mysteries*)中的一个故事，然后向你展示两位老师在教学中如何使用这个故事，两位老师分别是二年级的特蕾莎和五年级的劳丽。在接下来的章节中，我将解释一下本书的写作理念和内容安排，然后讲述各个故事以及相关的背景材料。第一册的故事题目是"橡子去了哪里?"

橡子去了哪里?

在安德森家后院高高的橡树上，松鼠奇克丝(又叫"腮帮儿")从她那用树叶搭成的小窝里向外张望着。此时正值清晨，大雾像棉被一样笼罩着山谷。奇克丝舒展伸展灰蒙蒙、毛茸茸的美丽身躯，四处张望。她感受到八月清晨温暖的空气，翘起蓬松的灰色大尾巴，抖动了几下。"腮帮儿"这个名字是安德森一家给她取的，因为她每次在院子里悠闲漫步或飞奔而过，塞满了橡子的两腮总是鼓鼓囊囊的。

"我今天有事情要做!"她寻思道，想象着要把那些饱满的橡子收藏起来，为即将到来的寒冬时节做好准备。

奇克丝现在面临的最大难题并不是采集橡子。这里到处都是橡树和橡子，院子里所有灰松鼠加在一起也吃不完。问题是等到天气转冷、皑皑白雪把草地覆盖之后，如何才能找到橡子。奇克丝嗅觉灵敏，有时候能嗅出她自己之前埋下的橡子，但不是每次都能做到。她需要想出一种办法来记住自己是在哪里挖洞埋橡子的。奇克丝记性不好,而院子又太大,对她那个小脑袋瓜而言,要把所有挖过的洞都记住实在太难了。

太阳已经从东方升起,奇克丝从树上溜下来开始找果子吃。她还得让自己吃胖些,这样,在找不到东西吃的漫长冬日里才能不受冻挨饿。

“怎么办? 怎么办?”她一边摇着尾巴一边思索着。就在这时,她看见草地上有一片阴影,阳光照不到那里。地上那片阴影有一定的形状,阴影的一端位于树干与大地的交会处,另一端与树干之间有一小段距离。“我明白了,”她想。“我要把橡子都埋在那片阴影的尽头处,等天冷的时候再回来把它们挖出来。瞧我多聪明!”奇克丝自言自语,然后就开始采集橡子、挖洞贮藏。

第二天,她又找到另一片阴影,然后如法炮制。接下来几个星期时间里她都在忙着采集橡子、挖洞贮藏。这个冬天她肯定可以高枕无忧了!

几个月过去了,白雪覆盖了大地和丛林。奇克丝大部分时间都蜷缩在树上的小窝里。一个清新的早晨,天空刚刚放亮,她低头看到地上的阴影,与洁白明亮之处形成了鲜明的对比。突然,她胃口大开,想要尝一尝鲜美多汁的橡子。她想:“哦,对了。是时候把我埋在阴影尽头的那些橡子挖出来了。”

她从树上跳下来,飞快地穿过院子,跑向那片阴影的尽头。一团团雪花随着她飞奔的脚步不断被扬起,随后又飘落到大地。她心中暗想:“我真是太聪明了。我知道橡子在哪里。”她感觉自己已经快跑到树林边缘,而以前似乎没跑过这么远。但是她的记性不好,也就没管那么多。然后,她跑到那片阴影的尽头处,开始挖啊挖啊挖啊!

她不停地挖啊挖啊! 什么也没有! “也许我埋得深了点儿。”她想,有点上气不接下气。于是她挖得越来越深,还是什么都没有。她跑到另一片阴影的尽头开挖,依然什么都没有。她嚷道:“可是我明明记得是埋在这里的呀,它们都去了哪里?”她既生气又想不通。难道别的松鼠把橡子挖走了? 那样不公平! 难道它们凭空消失了? 这些阴影又是怎么回事?

两位教师分别是如何使用"橡子去了哪里?"这个故事的

特蕾莎,资深二年级教师

每年新学期开学第一课,特蕾莎讲授的内容通常都跟"秋天和变化"相关。今年,她翻阅了《国家科学教育标准》(*National Science Education Standards*, NSES)之后,认为把第一课换成"天空和周期变化"也不错。既然影子是孩子们经常会注意到的现象,也是他们在操场玩游戏时经常会用到的东西(例如踩影子游戏),特蕾莎认为使用松鼠奇克丝(又叫"腮帮儿")的故事恰到好处。

首先,特蕾莎认为非常重要的一点是,需要了解孩子们对太阳以及物体投射阴影的知识究竟掌握了多少。她想弄清楚哪些知识是孩子们和奇克丝都已经掌握的,哪些知识是孩子们掌握但奇克丝并不掌握的。她让孩子们围坐成一个圆圈,这样大家可以相互看见对方并听见对方的发言。然后,特蕾莎把故事念给孩子们听。她一边阅读一边留心观察,确保孩子们听明白奇克丝是在夏末的时候决定在哪里埋下橡子,而在冬天开始寻找。特蕾莎让孩子们说说自己对奇克丝所见到的那些影子有什么看法。她在一张记录纸上写下标题"目前我们的最佳思维榜"。孩子们发表自己的"高见",特蕾莎在一旁如实记录:

- "影子每天都会变。"
- "影子在冬天变长。"
- "影子在冬天变短。"
- "影子每天都会变长。"
- "影子每天都会变短。"
- "影子根本不会变化。"
- "影子不是每天都出来。"
- "你动的时候影子也会动。"

她问孩子们是否可以在每句话里加一两个字,以便于大家一起去验证。这样,她把上述陈述句变成了如下的问句:

- “影子每天都会变吗?”
- “影子在冬天变长吗?”
- “影子在冬天变短吗?”
- “影子每天都变长吗?”
- “影子每天都变短吗?”
- “影子究竟会不会变化?”
- “影子是不是每天都出来?”
- “你动的时候影子也会动吗?”

特蕾莎让孩子们重点讨论通过哪些问题能够帮助奇克丝解决困境。孩子们选择了“影子在冬天会变长还是会变短?”以及“影子究竟会不会变化?”这两个问题。特蕾莎要求孩子们根据自己的经验来做出预测。有些孩子说,随着冬天来临影子会变得越来越长,有些孩子的观点恰恰相反。孩子们对于影子到底是否会发生变化虽然尚存疑问,但是他们一致认为随着时间的推移影子很可能会发生变化。如果他们能够找到证据证实影子确实会发生变化,那么这个问题就可以从列表中画掉。

现在,孩子们需要找出办法来解答那些问题并验证原先的预测是否正确。特蕾莎帮助孩子们了解什么是公平实验,问他们如何着手解决那些问题。孩子们几乎立刻意识到,应当每天对同一棵树的影子进行测量并做记录,而且应该在每天同一时间对同一棵树的影子进行测量。他们拿不准测量的时间有什么重要性,只是觉得这样做才能确保公平合理。尽管为所有问题找到各自相应的证据也很重要,但是特蕾莎认为,在目前阶段,要是让学生多管齐下、搜集多种问题的证据,可能会令他们感到无所适从。

特蕾莎查看了室外的地形后发现,大部分树木的影子在冬天都会变得太长,甚至延伸到教学楼上,难以测量。如果硬要这样做,虽然也不失为一种学习体验,但孩子们经过数月辛勤劳动后最终毁于一旦,非常容易产生挫败感。她决定说服孩子们用一棵人造“树”来代替,人造树很小,不会引发影子太长的问题。令她吃惊的是,孩子们没有任何异议,他们认为:“只要我们每天测量的是同一棵树,结果依然是公平的。”于是特蕾莎用木钉做了一棵大约 15 厘米高的树,孩子们坚持在顶端粘了一个三角形,使它看上去更像一棵树。

孩子们一起来到室外,选了一个太阳光线不受任何遮挡的地方,开始测量。特蕾莎担心孩子们还不能熟练使用直尺或卷尺，便让他们使用一根纱线测量影子从树干基部到树冠顶端的长度，然后把这根纱线粘在墙上的图表中，纱线下面标注测量的日期。孩子们很高兴这么做。

第一周，学生每三人一小组每日都到教室外进行测量。到了周末，特蕾莎注意到影子长度每天变化太小，也许应当让孩子们每周测量一次。这样效果就好多了，墙上的图表不再那么“拥挤不堪”，却依然能够显示出可能发生的重要变化。

数周之后，影子的长度明显每周都在增加。特蕾莎和学生们讨论影子变长的原因，学生们用手电筒实验，发现把手电筒放低的时候铅笔的影子会变长。如果是这样的话，太阳的高度肯定也变低了，同学们把这个观察结果也记录下来。后来，特蕾莎表示，她当初应该让学生每人都准备一个科学笔记本，这样就可以更清楚地了解每个学生对这个实验的看法。

纱线图显示的情况一清二楚，现在剩下的唯一问题似乎是“影子最终会变多长？”特蕾莎带领同学们重温了奇克丝的故事，同学们茅塞顿开：奇克丝埋橡子的实际位置或许比冬天影子指示的位置距离大树更近一些。特蕾莎继续讲授下一单元关于秋季变化的内容，但是每个星期依然往图表上增加一根纱线。特蕾莎感到欣慰的是，她可以同时讲授两个单元的内容，而且依然能够让孩子们在每周测量之后对这个实验兴致勃勃。寒假过后，孩子们发现影子开始变短，兴奋极了。实际上，影子变短的时间始于 12 月 21 日前后的冬至，但那时孩子们还在假期，直到元旦以后假期才结束。现在，问题又变成：“影子会继续变短吗？到什么时间为止？”冬去春来，整个学年接近了尾声。每个星期的测量活动仍在继续，每个星期同学们也对获得的数据进行讨论。图表上粘满了纱线，影子的变化趋势已经显而易见。影子从去年秋天开始测量时变得越来越长，而到了元旦以后开始变短。“影子会变多短呢？”“影子会短到没有吗？”这些问题被添加到了图表上。在学期结束前的最后一周，孩子们讨论他们的结论，他们确信秋天到冬天这段时间太阳位置比较低，物体投下的影子比较长，而新年过后太阳位置逐渐升高，影子逐渐变短。同学们还意识到季节也在变化，太阳位置越高意味着天气越暖，树木开始长出叶子。同学们已经开始学会思考天空中的季节变化，并把它们与季节循环联系在一起。至少特蕾莎是这样认为。

在六月最后一次小组碰头会上，特蕾莎问同学们，他们认为接下来的九月影子会变成什么样子？他们认真思考了一番之后说，既然影子越变越短，到了九月，影子肯定会消失不见或者短到无法测量。天哪！他们根本不知道“循环”这个概念，也难怪,因为他们还从来没就此讨论过。从图表上可以明显看出影子有继续变短的趋势,然而,特蕾莎知道到九月她就没有机会继续带领他们做这个实验了,不过她打算跟三年级教研组谈一谈,请他们把这个实验至少再坚持做几周,这样孩子们将会看到今年九月与去年九月的数据相吻合。然后,孩子们也许会联想到季节变化,当然,这些体验在他们升入高年级后也有用处,因为季节及其成因是高年级大纲规定的内容。尽管这项研究工作存在上述种种缺憾,对孩子们而言却是一次非凡的体验,他们借此难得的机会设计实验并收集数据来解答松鼠故事中的问题,符合他们的知识发展水平。特蕾莎认为,同学们为了解决奇克丝遇到的难题,长时间进行实验调查、收集数据并得出结论,基本达到了教学目标,或者至少取得了一定进展。下一步,她将会跟三年级教研组谈一谈这个问题。

劳丽,资深五年级教师

九月,我在学校工作的时候去劳丽任教的五年级班里征求意见。我给学生朗读奇克丝的故事,问他们认为这个故事最适合用于哪个年级。他们觉得二年级最合适。根据他们的观点,特蕾莎当初使用这个故事的决定似乎完全正确。

然而,特蕾莎开始使用这个故事一周后,我收到了劳丽的来信,向我诉说她的学生老是问她各种关于影子、太阳以及季节的问题,问我能否给予帮助。虽然五年级的学生坚持认为这个故事适合于二年级,但是他们也对这个故事着了迷,开始探讨影子的问题。这样一来,两个班级都对奇克丝遇到的难题表示出兴趣,而他们的知识水平处于两个不同层次。五年级学生的问题是关于影子的长短、方向以及季节性变化,他们会问:"为什么会发生这样的变化?"劳丽想用探究方式来帮助同学们找到答案,然而需要一些帮助。虽说奇克丝的故事向他们的好奇心打开了一扇门,但是我们认为,或许编写一个关于海盗埋宝藏(跟奇克丝埋橡子类似)的故事更适合五年级学生去探索。

劳丽查阅《国家科学教育标准》关于五年级教学要求的部分发现,需要学生学会观察并描述太阳的位置和运动,以及研究天空中的自然物体及其运动方式。但是,我们认为,研究实验应当由学生们的问题作主导。劳丽对5E[engage(接触),elaborate(梳理),explore(探索),explain(解释),evaluate(评价)]探究法很感兴趣,既然孩子们已经处于"接触"阶段,接下来便进入"梳理"环节,劳丽需要深入了解学生的既有知识水平。因此，劳丽在下节课一开始就问学生，他们对奇克丝用到的影子以及影子成因“知道”多少？同学们说：

“影子上午较长，中午较短，下午又变长。”
“中午没有影子，因为太阳处于头顶正上方。”
“影子在每天的位置都是固定的，因此我们可以根据影子判断时间。”
“影子在夏天比冬天短。”
“你可以在地上竖一根棍子，通过它的影子来判断时间。”

跟特蕾莎一样，劳丽也把这些陈述句改成了问句，然后，他们进入了5E探究法的“探索”阶段。

幸运的是，劳丽的教室门正对着一片阳光充足的草坪。学生们制作了一些30平方厘米大小的木板，在木板中间钻了几个孔，每个孔里塞入一根牙签。他们在木板上贴上白纸，每半个小时在纸上沿着影子画线。每天下午，他们把木板拿回教室并讨论测量结果。关于每天放置木板的位置不同是否会产生不同结果，同学们讨论了很多。

他们收集的数据太多，情况变得有点复杂。一名学生建议使用幻灯片记录影子数据，然后把胶片叠放在一起看看影子发生了什么变化。大家都认为这个主意很妙。

劳丽向同学们介绍历书《老农年鉴》(*Old Farmer's Almanac*)以及日出日落和白天时长的图表，由此引发了一场令人兴奋的探究活动，还用到了数学知识。劳丽让学生观察某一天的日出和日落时间，计算白天的时长。同学们在计算时足足花了十分钟，劳丽让每个小组在全班面前演示他们的计算过程。同学们采用了至少六种不同的计算方法，大多数都得出了相同的答案。他们惊奇地发现，虽然采用的方法各种各样，但是殊途同归。同学们一致认为，有几种方法相对而言比较简便，使用24小时制是最容易的方法。令劳丽感到欣喜的是，学生找出的计算方法竟然那么多，他们通过这次科学探索必然对时间的理解更加深刻。

这件事也表明，孩子们有能力提高自己的元认知(对自己的思维方式进行反思)水平。研究表明(Metz，1995)，小学生不善于对自己的推理方式进行反思，但是，他们可以通过亲身实践或他人鼓励来做到这一点。如果学生要开展探究调查，元认知的作用非常重要，因为他们需要了解如何处理信息以及如何学习。在这个案例中,劳丽让学生解释他们是如何解得出白天时长结果的,这样他们在解决问题的过程中思路变得越来越清晰。他们还可以从同学那里学会反思自己的思维过程,因为同学们所处的知识发展水平大体相当。小组讨论或者全班讨论的方式可以让老师借机深入了解孩子们解题的思路。学生在阐明解题技巧时,老师可以让他们具体说一说解题的思考过程:无论成功的经验还是失败的教训。学生们还可以利用笔记本记录他们如何思考问题以及找到答案的过程,由此促进元认知能力的发展。鼓励学生把解决问题的方法用口头或书面形式表达出来,能够帮助他们了解自己在将来如何更好地利用推理技能。

这里我需要提及的是,同学们继续收集数据的同时,劳丽则接着讲授其他单元的内容。她会定期抽出一两天时间重新回到关于影子的单元,以便学生能够及时处理他们的研究发现。几个月以后,学生已经准备好要做一个模型来解释他们的证据,只是尚需老师帮助。劳丽给学生提供了地球仪和黏土,以便他们把观测对象放置在地球仪的相应纬度上。学生使用手电筒来重复自己的实验。由于所有地球仪都是倾斜 23.5 度,于是引出了一个问题:地球仪为什么都要制造成这样?接下来就进入了"解释"阶段,劳丽提示同学们想一想,能否利用地球的倾斜现象来解释影子以及太阳在天空中的视运动。

学生们制作了海报,用以解释地球倾斜以及每年地球围绕太阳转动如何造成季节更替。他们对自己的理解水平进行"评价",并予以适当"拓展"。劳丽认为,这是一次非常成功的"6E"探究教学实践,涵盖了接触、梳理、探索、解释、评价以及新增的拓展(extend)阶段。

参考文献

Konicek-Moran, R. 2008. *Everyday science mysteries*. Arlington, VA: NSTA Press.

Metz, K. E. 1995. Reassessment of developmental constraints on children's science instruction. *Review of Educational Research* 65(2):93 – 127.

Yankee Publishing. *The old farmer's almanac*, published yearly since 1792. Dublin, NH: Yankee Publishing.

第一章
本书的理论背景

我们都曾听说，人们往往把科学课堂上出现的任何活动都称为“实验”。实际上，鉴于当今的科学课程授课方法，真正的实验几乎不存在。按照实验的定义，实验是用来验证假设，而这些假设在当今的科学教学中几乎不存在。假设是任何实验的一个必要组成部分，是人提出来的，他花费大量时间沉迷于某一个难题，感觉有必要提出一个理论来解释自己迷惑不解的地方。

然而，即使没有适当的假设，我们也可以研究自己面对的问题，这种做法既常见又合理。我们可以采取“公平实验”方式进行研究，这种做法可能尤其适合小学课堂，因为小学生往往没有足够的经验，无法提出具有真正科学意义的假设。不久前，我曾问一个四年级女生什么是“公平实验”，她回答说：“公平实验就是结果是我所期待的实验。”我们可以想见，即使到了小学四年级，学生们依然不知道如何适当控制变量。我们有必要重申这一点。

假设不仅仅是猜测。假设往往包含“如果……那么……”的语句，例如：“**如果**我把一支温度计放在手套里，而温度保持不变的话，**那么**手套可能不会产生热量。”在学校科学课程中，预测也不应当仅仅是猜测或预感，而应当建立在经验和缜密思考的基础上。要求孩子们对自己的预测做出合理的解释，这是一种很好的办法，可以帮助他们看出猜测与预测之间的区别。

大多数学校的科学课程都缺乏两个要素：学生需要充分的*时间*去认真思考那些*在现实生活中具有意义*的问题。可能的情形是，学生往往拿出一定的时间去“涉猎”某个领域的研究（比如池塘生物），他们阅读相关资料，观看模型展示，跟专家一起到池塘实地考察，单人或集体撰写关于池塘各种动植物的报告，利用鞋盒制作池塘模型或利用纸张制作巨幅海报等。或者,他们可能对太阳系进行研究,根据各大行星的具体数据撰写科学报告,全班制作一个太阳系模型挂在教室的天花板上,认为这样就大功告成。这些做法当然很有趣,但是问题在于,学生不可能从这些做法中发现真正的问题,他们不需要开动脑筋,不需要利用集体智慧苦思冥想、提出假设或实验验证。

你肯定注意到,大多数科学课程都含有一系列"批判性的"活动,学生通过参与这些活动可能找到理解某一概念的钥匙。在大多数情况下,人们往往认为,学生开始学习某一新单元之前已经具有关于某些概念的常识或前概念(preconception),而批判性的活动有助于学生理解那个科学概念。这种想法极其有害,因为研究表明,学生在开始学习新东西以前前概念水平不尽相同。这些知识不仅在学生的大脑中根深蒂固,而且极难改变。如果学生的知识水平跟事先设计好的教学活动没有多少关系,尤其是如果老师不充分了解学生的前概念,那么让他们参与这些事先设计好的活动便毫无意义。

邦妮·夏皮罗(Bonnie Shapiro)在其著作《孩子们如何发现光的秘密》(*What Children Bring to Light*,1994)中以毋庸置疑的细节向我们指出,一位用心良苦的科学教师如何引导学生进行一系列关于光的性质的活动,却不知道班里学生都存在同样的误解:人之所以能够看见物体,是因为人用眼睛去观看,而不是因为来自物体的光线反射进入人的眼睛。这些活动用意虽好,却是在做无用功,因为尽管学生已经"搞定老师"(而不是搞定问题),能够填写相关表格并在本单元学习结束时通过考试,却始终对下面这个关键概念持怀疑态度:来自物体的光线反射进入人的眼睛,让人看见了物体。"*搞定老师*"意味着学生对老师的行为、技巧、语言方式和教学方法了如指掌,他们能够准确预测老师有什么想法,什么事情能让老师高兴或生气,如何表现才会让老师相信他们已经学到并掌握她希望传授给他们的概念。

埃莉诺·达克沃思(Eleanor Duckworth)在其专著《发明密度》(*Inventing Density*,1986)中说道:"批判性的实验本身并不能告诉你任何东西。一个人必须在实验之前就完成研究工作的绝大部分。一个人必须首先形成一整套理念,然后才能利用实验加以验证。"这可能是本书最重要的一段引语!

教师如何能够判断学生是否形成了一整套内嵌课堂活动的理念?教师如何能够发现学生脑海中是否存在关于将要学习内容的错误想法?我相信,本书可以为这些问题提供一些答案,并为纠正上述错误提供一些建议。

探究究竟是什么?

关于“探究式教学”,可能还没有一个确切的定义,目前,这方面公认的权威是国家研究委员会(National Research Council, NRC)和美国科学发展协会(American Association for the Advancement of Science, AAAS)。毕竟,这两家机构分别制定了《国家科学教育标准》(1996)和《科学素养基准》(*Benchmarks for Science Literacy*, 1993),而大多数州的课程设立标准均以此为基础。因此,我将使用它们给出的定义,并把该定义贯穿于全书之中。国家研究委员会在《探究和国家科学教育标准:教学指南》(2000)中指出,必须具备以下五个基本要素,才能称得上真正意义的探究教学:

- 学生参与以科学为导向的问题研究。
- 学生面对问题时首先注重证据。
- 学生从证据中找出合理的解释。
- 学生把解释与科学知识联系起来。
- 学生把解释拿出来相互交流并加以论证。(第 29 页)

实际上,国家研究委员会大力提倡,学生在校期间随着年龄增长,应当更多依靠自己而逐渐减少对教师的依赖。国家研究委员会还明确指出,并非所有的科学课程都应当采取同样的教学方法。采取灵活多样的方法进行科学教学,不会让学生感到枯燥乏味,而且效果更为明显。向学生做示范、引导学生进行讨论、让学生解决老师提出的问题、加入富有创造性的科研活动等,这些都是切实可行的教学方法。然而,国家研究委员会也建议,无论采取哪种教学模式,都应该具备以下共同点:

- 学生参与科学问题、事件或现象的研究,而这些问题、事件或现象与他们已经具备的知识存在联系,却又与他们既有的观点不一致。换句话说,他们通过科学现象的研究来纠正自己的前概念。
- 学生直接接触科学材料,提出假设,验证假设,并对已发现的问题找出合理的解释。

• 学生对各种材料进行分析、阐释,根据材料开发各种模型并找出合理的解释。

• 学生把新学到的知识在新的环境中加以应用。

• 学生培养自己的元认知能力(对自己的思维过程进行反思),回顾自己学到了什么以及如何学到的。(p. 35)

你会发现,利用本书中的故事激发学生积极参与探究式科学学习过程,你和学生将有机会实现上述各种目标。

著书原因

根据《科学教育》(*Science Education*)杂志关于当前科学教育思想的一篇总结文章,"一个结果似乎反复出现:如果学生在课堂上通过诱导式的动手实践学习科学,既得到充满爱心的老师鼓励,又获准与同学一起处理遇到的各种问题,那么他们在离开科学课堂以后,对待科学的态度会更加积极,(并且以自己有幸亲身参与科学探索而倍感自豪)"(1993)。

这本书(尤其是书中的故事)给学生提供了宝贵的机会:他们在学习上可以当家做主;正如上面引文所言,以这种方式学习,将会促使他们对科学持有更加积极的态度;他们乐意跟同学和老师一起学习。若要充分利用本书中的故事,就需要学生进行小组讨论,勤动手、多动脑,还需要老师热情帮助。

故事

本书的故事有点像侦探小说,侦探小说最后一节总是由聪明的侦探解开谜团,不仅告诉读者"是谁干的",而且讲述她如何查出真相,本书的故事则故意略去最后一节。书中故事的设计思路是,让学生们变成侦探,寻找"嫌疑犯"(假设或预测),展开调查(实验或调查),找出"是谁干的"(结果)。换句话说,需要学生自己续写故事的结局或者多种可能的结局。正如达克沃思建议的那样,置身于故事的情景,学生们从一开始就逐渐形成"一整套内嵌各种科学活动的思想体系之中"(1986,第

39页)。学生还是科学活动的设计者,因此会全力以赴寻找合理的答案。我希望学生们搞定问题而不是搞定老师。然而,我想再强调一下,我们都应该明白,成功的学生确实也需要花精力来搞定他们的老师。

在一个故事(“融化的聚会”)中,凯尔西和朋友们不明白为什么金属碗里的冰已经全部融化,而塑料碗里的冰还剩一半没有融化,她们不得不考虑两种不同材料的热传递效率存在差异。的确,这样的研究过程与结果正是科学本身。这个故事还意味着问题的“主动权”掌握在学生手中。这就是我们所说的“自己动手、自己动脑”科学教育方式。老师应当相信学生有能力发现问题并通过实验得出结论,这一点在科学教学中至关重要。每一个故事都会给出具体建议,帮助老师如何引导学生从阅读故事转向发现问题、提出假设以及调查研究,最终找到问题的答案。

通过探究方式学习科学是当今教育的基本原则。你也许会问:“相反的学习方式是什么?”那就是把科学当成是一成不变的信息、理念和原理死记硬背,毫不理会这些东西的来龙去脉。显然,我们不可能指望学生有能力发现各种科学模型与概念。然而,我们衷心希望他们能够把科学探索与验证过程当成一种享受。我们还希望他们能够明白,科学研究不仅仅是课堂上发生的那些事情,他们在日常生活中遇到的种种事情都与科学息息相关。种子播种以前先要浸泡一段时间、刮除汽车挡风玻璃上的冰霜、让物体沿着斜坡滚下去,这些只是日常生活与科学息息相关的几个常见例子,通过这种方式可以培养我们的思维方式,建构我们了解世界的新知识。

本书共有15个故事,分别针对不同的概念领域,例如热力学、热能、融化或溶解、烹饪中的化学、天文学、分解以及反应时间等。老师可以把每个故事复印分发给学生阅读与分组讨论,或者,老师把故事大声朗读给学生听,由全班共同讨论。在讨论过程中,老师的主要任务是,帮助学生发现一个或多个问题,并帮助他们设计各种方案找出问题的答案。

大多数故事还包含几个“干扰项”(又称常见的错误概念或相异概念)。故事里的人物讨论问题情境时往往众说纷纭,我们便把干扰项巧妙地安插其间。例如,在“温室里的春天”这个故事里,家庭成员就种子发芽需要具备哪些条件争论不休,每个人都发表了自己的不同看法,而这些观点往往包含很多错误观念,我们知道,无论孩子还是成人普遍持有这类错误观念。这些常见的错误概念从哪里来,它们又是如何产生的?

思维模式的发展

直到不久前,教育实践留给人们的印象是,儿童或成人在接触新的学习内容时,他们原先拥有的知识储备对学习新内容并无促进作用。然而研究表明,在几乎任何情况下,学习者为了解释日常生活中遇到的各种现象,头脑中已经形成自己特有的思维模式(Bransford,Brown and Cocking),1999;Watson and Konicek,1990;Osborne and Fryberg,1985)。我们都见过月亮和月相。我们都有过下面这样的体验,把手放在不同的物体上会感到温度有所不同。我们都见过物体处于运动之中,或者乘坐过汽车或飞机等正在移动的物体。我们都经历过力的作用,作用在物体上或自己身上。我们都会尝试寻找各种办法,最终形成自己特有的思维模式,按照自己满意的方式解释这些现象。或许,很多人都读过书或者看过电影、电视,他们尝试借用书籍或影视中呈现的方法或图像形成自己的思维模式。或许,他们曾经在课堂上听到老师或者其他同学讨论这些现象。在电影《私人宇宙》(*A Private Universe*, Schneps,1986)中,几乎所有接受采访的哈佛大学毕业生和老师都对季节更替的原因或者月相变化的原因存在一些错误认识,而他们中很多人都曾在高中或大学上过高级科学课程。

根据目前流行、占主导地位的建构主义学习理论,一个人一生中的各种体验都会进入他的大脑思维之中,这些体验要么被大脑接受,要么被拒绝,甚至被修正,以适应头脑中固有的思维模式。然后,这些模式在日常生活中被用于预测可能出现的结果,以此检验它们是否有效。如果一个模式行得通,就会被接受;如果行不通,人们就会对其进行修正,直到自己认为满意为止。不管怎样,这些模式存在于每个人的大脑之中,一旦遇到新情况,就会被唤醒。有些模式或许与当今的科学思维相一致,然而,它们通常属于"常识科学",与当今的科学思维背道而驰。

导致这种现象产生的原因之一在于,科学思维往往与人们的直觉思维恰恰相反。例如,当你把手放在房间里的一块金属上,你会感觉很凉。如果放在同一个房间里的木头上,则感觉较为暖和。很多人就会推断,金属比木头的温度低。然而,把各种物体放置在同一房间无论多久,它们的温度都是相同的。其实,当你把手放在金属上,手的热量会很快传递至金属,于是你感觉金属很凉。木头传递热量的速度不像金属那么快,因此你"感觉"比金属要温暖一些。换句话说,我们的感觉愚弄了我们，让我们误以为金属比其他任何物体都冷，殊不知房间里的一切物体都处在室温状态下。因此，我们得出了错误结论：金属物体总是比房间里其他物体都要凉。的确，如果你从一间房子走到另一间房子，用手触摸很多物体之后，那么你的错误观念不断得到强化，变得越来越难以纠正。

这些观念有很多种叫法：误解、前概念、儿童思维或常识性观点。它们有两个共同点：它们在人们的头脑中根深蒂固，非常难以改变。最后，如果任由其发展下去，这些概念将会左右学生的思维方式，你无论采取什么方法解释某个科学知识要点（例如热传递），他都会拒之门外。

为什么要讲故事？

讲故事是吸引人注意力的有效方法。自从有历史记载以来，甚至或许比这还要早，故事就在人类中间出现。自从有历史记载以来，或者在更早的时候，故事就已经被广泛使用。神话、史诗、口头历史、民谣、舞蹈等，人类利用这些形式把文化一代代传承下去，永无止境。

任何人只要在教室、图书馆或床头等处听过或读过故事，就会感受到构思巧妙、扣人心弦的故事魔力之所在。故事有开头，有过程，有结尾。

本书故事和大家熟悉的很多故事开头一样：地点是家里或教室里；孩子们与兄弟姐妹朋友或同学一起互动；在家里发生的故事中，一般会有父母或其他成人。然而，本书故事与传统故事的相同之处仅此而已。

科学故事通常都有一个主题或科学话题，往往给出大量事实、原则，或者给出一组插图或照片等，旨在向学生解释目前科学家对该主题的认识水平。多年来，科学书籍大都是回顾迄今为止的科学发现。这些书在教育中占有一席之地，不过，孩子们在阅读时得到的印象往往是这样的：科学家们开展研究工作，然后就奇迹般地“发现”了书中描述的各种科学真相和事实。但是，正如马丁（Martin and Miller, 1990）和米勒所言：“科学家不仅仅是从自然中找出各种看似毫不相干的事实。科学家想要寻找的是一个*故事*（强调为笔者所加）。自然而然，这个故事的特点必定是*神秘的*强调为笔者所加。既然这个世界不肯向我们轻易吐露它的秘密，科学家就必须耐心细致地进行观察。”

随着本书故事逐渐展开，故事的发展与主人公的预期不一致，由此激起他们浓厚的兴趣，禁不住要刨根问底："这是怎么回事？"最重要的是，我们的故事结局与传统的故事不同，我们的故事具有马丁和米勒所谓的"神秘"特点，结尾往往给读者留下悬而未决的问题，吸引他们亲自去探索并撰写结局。

这些故事没有设置专家来解决问题、解释答案，也没有"科学博士"[①]给读者答疑解惑。父母、兄弟姐妹和朋友可能会发表各自的看法，提出实验方案供你参考，而你的任务就是要变成科学家，自己动手解决故事中的问题。

参考文献

American Association for the Advancement of Science (AAAS).1993. *Benchmarks for science literacy.* New York: Oxford University Press.

Bransford, J. D., A. L. Brown, and R. R. Cocking, eds. 1999. *How people learn.* Washington, DC: National Academy Press.

Duckworth, E. 1986. *Inventing density.* Grand Forks, ND: Center for Teaching and Learning, University of North Dakota.

Martin, K., and E. Miller. 1990. Storytelling and science. In *Toward a whole language classroom: Articles from language arts, 1986–1989*, ed. B. Kiefer. Urbana, IL: National Council of Teachers of English.

National Research Council (NRC). 2000. *Inquiry and national science education standards: A guide for teaching and learning.* Washington, DC: National Academy Press.

Osborne, R., and P. Fryberg. 1985, *Learning in science: The implications of children's science.* Auckland, New Zealand: Heinemann.

Schneps, M. 1996. *The private universe project.* Harvard Smithsonian Center for Astrophysics.

Shapiro, B. 1994. *What children bring to light*, New York: Teachers College Press.

Watson, B., and R. Konicek. 1990, Teaching for conceptual change: Confronting children's experience. *Phi Delta Kappan* 71 (9): 680–684.

① 科学博士（Doctor Science）：此处有可能是作者仿照"华生医生"（Doctor Watson）造的词，在《福尔摩斯探案集》中，通常是华生医生对案情的来龙去脉进行条分缕析。——译者注

第二章
使用本书以及书中的故事

老师的教学任务繁重，他们往往很难设计出一些与学生日常生活经验相关的课程或活动。本书一个主要前提是，如果学生能够亲眼看到科学知识在实际生活中得到应用，那么他们就会积极开展既动手又动脑的科学实验，密切关注实验的结果。数十年来，科学教育工作者一直强调，学生在学习科学的过程中亲身体验科学实验极为重要。我坚信，利用开放式结局的故事能够激励学生们亲身动手做一些具有真正科学意义的真正实验，这种做法使他们朝着上述目标迈出了重要的一步。我还坚信，学生一旦看到自己的学习和实验具有实实在在的成效，就会更加容易理解所学的科学概念。我真诚希望，本书内容能够减轻老师沉重的教学负担，他们无须挖空心思从零开始自己设计课程或活动。

这些故事描写的都是孩子们在自然环境中的经历，例如在家里、在运动场上、在聚会中、在学校或在户外等。学生应当把自己想象成故事里的人物，对他们的挫折、忧虑和疑问等感同身受。老师最重要的任务是，为学生开展调查研究提供指导与帮助，听取实验活动的情况汇报，判断学生对实验结果与结论的分析是否合理。学生往往需要老师帮助才能进入下一阶段，从而提出新的问题，找到解决这些问题的方法并得出结论。我们的科学教育理念是，我们相信孩子们有能力并且有意愿去关心学习中遇到的各种问题，乐于亲力亲为。这种做法对孩子学习任何一门课程而言都能起到提高与促进作用。简而言之，学生在学习课程中应当占主导地位，由于学习兴趣是他们在实验活动中遇到问题时自发产生的，与被动追随他人主导下产生的兴趣相比，持续时间更为长久。

一位老师对我说，她遇到的最大问题之一是，不知如何引导学生对他们研究的课题提起“兴趣”。她说,学生们只是做做样子、走走过场。或许这个问题对你而言也并不陌生。我希望这本书能够帮助你们解决这一问题。我们很难做到让每节课都契合每个学生自身的状况。然而,只要我们平时对日常现象多加留意、引导学生细心观察,我相信我们能够洞察他们的兴趣所在。

如果你打算制订探究教学计划,我强烈推荐以下图书作为辅助材料。首先特别推荐的五本书是佩奇·基利(Page Keeley)等人合著、国家科学教师协会出版社出版的《了解学生的科学想法》(*Uncovering Student Ideas in Science*)的一至四册以及佩奇·基利著、科文出版社(Corwin Press)和美国科学教师协会出版社联合出版的《科学课程话题研究》(*Science Curriculum Topic Study*)。《了解学生的科学想法》这套书能够帮助你发现学生在进入课堂之前已经拥有了什么样的前概念。《科学课程话题研究》旨在帮助老师在设计标准化的教学单元内容时为其提供必要的背景知识。我还强烈建议你阅读罗伯特·黑曾和詹姆斯·特利菲尔(Robert Hazen and James Trefil)合著的《科学问题:培养科学素养》(*Science Matters: Achieving Scientific Literacy*)。这本书在很多科学问题上可以为你提供帮助。这本书的语言简明扼要、表述准确得当,在你需要的时候可以为你提供必要的背景知识。还有一本特别有用的著作《搞懂中级科学:洞察孩子的想法》(*Making Sense of Secondary Science: Research into Children's Ideas*, Driver et al.,1994)。本书书名容易让美国老师产生误解,这是因为,在英国,小学水平以上的科学知识都被称为中级水平。《搞懂中级科学》是关于儿童科学思维研究的汇编,对老师们而言是必备的书籍,你可以参考这本书,深入了解学生在走进课堂之前脑海里已经拥有了什么样的前概念。

1978 年,戴维·奥苏贝尔(David Ausubel)就教学问题说了一句最简单却切中要害的话:“影响学习的最重要因素是学习者原先已经拥有的知识储备。老师弄清楚这一点之后,在教学中才能做到有的放矢。”我们给每个故事配备的背景材料旨在帮助你了解学生对相关主题已经知道哪些知识,帮助你在设计教学方案时如何利用他们已有的知识。上述几本书可以作为本书的补充,帮助你进一步深入了解探究式教学法。

那么,为了帮助你设计并教授以探究为基础的科学课程,本书内容结构是如何安排的?

本书内容安排

本书故事分为三个部分：地球与空间科学故事 4 篇、生物学故事 5 篇、物理学故事 6 篇。每一部分开头有一幅概念矩阵图，你可以根据教学内容选择与相关内容最匹配的故事。仔细查看这一矩阵，你可以在各个章节中找到相应的故事和背景材料。请注意，地球与空间科学的科学故事谜题特意融合了生物学和物理学内容，因为它涉及日常科学的方方面面。

本书故事和《了解学生的科学想法》一书故事的主题交叉

本书里的故事	《了解学生的科学想法》			
	第一册	第二册	第三册	第四册
最冷的时候	无	无	什么是假设？	野营之旅
地球变得越来越重？	无	无	地球的质量； 腐烂的苹果； 什么是假设？	这是系统吗？
月球在世界各地是什么样子？	凝望月亮； 完整的月相周期	天空中的物体； 艾米的月亮和星星	什么是假设？	月光
日出，日落	无	夜晚的黑暗； 天空中的物体	这是理论吗？ 我和影子； 星星去了哪里？ 夏天的谈话	野营之旅
观察地衣	无	它是植物吗？	它有生命周期吗？	它"更合适"吗？
烘焙面包	无	化学键	做科学研究； 什么是假设？ 呼吸	它是食物吗？ 它是系统吗？
温室里的春天	密封罐里的秧苗	它是植物吗？ 种子的需求； 它是植物的食物吗？	做科学研究； 什么是假设？ 它有生命周期吗？； 呼吸	无

续 表

本书里的故事	《了解学生的科学想法》			
	第一册	第二册	第三册	第四册
反应时间	人体基础知识；生物的功能	无	做科学研究；什么是假设？	它是系统吗？
密封罐里的秧苗	生物的功能；密封罐里的秧苗	它是植物的食物吗？	它有生命周期吗？	它是系统吗？
甜言蜜语	它在融化吗？	无	做科学研究；什么是假设？温度计	糖水
冷静点	手套问题；物体和温度	冰柠檬水；混合的水	温度计；什么是假设？	温水；它是系统吗？冰水
融化的聚会	袋子里的冰块	冰柠檬水；结冰	它是理论吗？温度计	无
歪斜的秋千	无	无	做科学研究；什么是假设？	它是系统吗？它是模型吗？
饼干的困境	无	无	做科学研究；什么是假设？	盐晶
卡住了！	无	无	桌上的苹果	它是系统吗？

从第五章起，每一章的内容安排基本相同：首先是故事本身，然后是使用该故事的背景材料。背景材料包含如下几个部分。

目的

这一部分描述的是与故事相关的概念和/或主题。简而言之，它告诉你该故事在某个科学概念体系中所处的位置在哪里。当然，我们还可以把这一组概念放在更大的概念体系之中。

相关概念

概念是人类利用抽象方式从一群事物中提取出来的反映其共同特性的思维单位，表现形式为词或短语，例如冷凝、侵蚀、热传递及概率等。本书中每个故事旨在探讨一个概念，然而往往会涉及好几个概念。你会发现，教师背景材料中列出了可能存在关联的几个概念清单。你还应该查看一下那张故事与相关概念的矩阵图。

不要惊讶

大多数情况下，这部分内容主要是，预测学生在读完故事之后可能会做什么以及有什么反应。这些预测与故事内容有关，然而更侧重于学生对相关概念的理解程度。同样，我们做出的解释也会与故事内容相关，然而也侧重于学生对概念的理解过程。学生可能会在课堂上提出一些不同的概念，本书也为此给出了参考答案。在备课过程中，你甚至有必要自己动手做一做那些预测的活动，只有这样才能从容应对学生可能提出的不同观点。

内容背景

这部分内容是就每个故事涉及的概念为你举办一个速成的“培训班”，当然，本部分材料并不是很全面，但是提供了足够的信息，让你在使用故事本身以及设计课程与实际上课的时候做到游刃有余。大多数情况下，你还可以参考书籍、报刊以及互联网等的相关内容，以便自己对教学内容做好更充分的准备。重要的是，你对自己准备教授的内容应当充分了解，只有这样才能顺利引导学生进行探究式学习。当然，你不一定要成为所教内容的专家。与学生一起学习，能够帮你了解他们的学习方式，你还可以加入他们的学习小组，共同探讨各种自然现象背后的科学原理。

《国家科学教育标准》(1996)和《科学素养基准》(1993)中的相关概念

这两份文件被视为国家标准，大多数州以及地方标准文件均以此为依据。因此，本书故事中列举的概念几乎可以肯定完全符合你们当地的教学大纲要求。故事中有些概念虽然在国家标准中没有明确提出，但是存在密切关系。我建议你读一读《科学课程话题研究》(Keeley，2005)，你在这本书中能够找到关于教学内容、学生的前概念、科学标准以及其他各种信息资源。虽然我没有在每个故事中专门提及，但是你可以认为所有故事都与《国家科学教育标准》和《科学素养基准》中探究学习部分的“标准 A”相关联。

如何在幼儿园—4 年级和 5—8 年级使用这些故事

这些故事已经在各个年龄段的孩子中间试用过。我们发现,书中概念适用于各个年级,只是深浅程度不同。有些故事的主题内容和角色设定在某一年龄段的孩子中可能会产生更多共鸣。我们只需要把人物的性格特征或者把人物的说话口气稍加改动,就能够吸引高年级或低年级的孩子们。故事主题应当保持不变,只需要对人物和情境进行一些改动。请参阅关于在高、低两个年龄段学生中使用故事的建议。

正如你在"绪论"部分的案例研究中所看到的那样,年级高低差异对决定哪些故事适合哪个年级的学生并不重要。两个年级都根据各自的知识水平提出不同的假设并进行实验。二年级学生发现了树影的长短在一学年期间的变化,对此感到非常满意;而五年级的学生能够开展更复杂的研究,其中涉及白昼时间长短随季节变化而不同、影子方向随时间变化而改变、影子长度在一年时间里发生变化等。关键在于,我们在刻画某些故事中的角色时,根据需要特意让他们更适合某个年龄段的学生。再次重申,我建议你把关于在幼儿园—4 年级和 5—8 年级"使用故事"进行教学的部分都读一读,因为其中任何一部分提到的概念都有可能适合在你的学生中使用。

你不需要使用高端技术设备。所需材料通常在厨房、浴室或车库等地都能轻易找到。每一章都包含该故事所涉原则和概念的背景知识,并为你提供所需材料的清单。这些建议都是我们根据自己的亲身经历提出的,因为我们曾经在孩子们中间试用过这些故事。虽然各地的教室、学校和学生大相径庭,但是我们认为,孩子们面对故事时的反应往往是提出问题并寻找答案,大多数人在童年时期都会经历这样的成长过程。与故事有关的问题等待学生解决,最重要的是,它们还会引发更多新问题,等待这些小科学家们进一步探索。

本部分还提供了一些教学建议,可以帮助你的学生积极参与探究学习,主动发现问题并最终给这些故事添加完整的结局(你一定还记得我们故意没有给故事设定结局)。本书没有给出具体的教学步骤或者一整套教学计划。显然,没有人比你更了解你的学生,了解他们的能力、学习水平以及优缺点等。不过,你会发现我们的一些建议和技巧对你开展探究教学很有帮助。你可以直接采用本书所给出的建议,或者根据自己的教学情况适当修改。关键在于,你应当充分激发学生的学习热情，让他们积极投身于解答故事谜题的行动之中。

国家科学教师协会出版社相关书籍和期刊文章

国家科学教师协会为教师准备的教学资源与日俱增，我们将在本部分精选一些图书和文章。我们列举的清单难免挂一漏万，欢迎访问网站 www.nsta.org/store 查阅全部资源。国家科学教师协会会员可以免费在线阅读所有文章。

参考文献

关于每个故事背景部分所引用的文章和研究成果，我们将列出相关的参考文献。

概念矩阵

在每一学科（地球与空间科学、生物学以及物理学）的故事部分开始之前，我们给出一幅概念矩阵图，图中分别列出了与每个故事关系最密切的概念。可以根据这幅图选择最符合你教学需要的那个故事。

结语

我欣喜地发现，国家科学教师协会前会长迈克尔·帕迪拉（Michael Padilla）曾经提出一些问题，而它们与我当初决定要撰写关于探究教学参考书时提出的问题惊人的一致。在 2006 年 5 月号的《国家科学教师协会报告》中，帕迪拉先生在“会长致辞”中说道：“为了在未来具有更强的竞争力，学生必须培养创造性思维能力，有能力解决问题，善于进行推理，积极学习新的、复杂的概念……[探究]能力是指：学习者能够像科学家那样思考，甄别哪些问题需要深入研究；能够开展步骤复杂的工作，排除各种杂念，专注于手头的研究；能够与同事一起探讨、切磋与争论；并根据各种反馈结果及时调整研究工作。”接下来，他问道：“谁提出问题？……谁设计实验步骤？……谁决定收集哪些数据？……谁根据数据进行阐释？……谁把结果拿出来与他人分享并加以论证？……什么样的课堂气氛能让学生在探究教学中踊跃参与解决难题？”

我相信，本书就是针对上述问题，书中提供的技巧就是解开问题答案的钥匙，在理想的科学课堂上,开展这些活动的主体是“学生”。

参考文献

Ausubel, D., J. Novak, and H. Hanensian. 1978. *Educational psychology: A cognitive view.* New York: Holt, Rinehart, and Winston.

Driver, R., A. Squires, P. Rushworth, and V. Wood-Robinson. 1994. *Making sense of secondary science: Research into children's ideas.* London and New York: Routledge Falmer.

Hazen, R., and J. Trefil. 1991. *Science matters: Achieving scientific literacy.* New York: Anchor Books.

Keeley, P. 2005. *Science curriculum topic study: Bridging the gap between standards and practice.* Thousand Oaks, CA: Corwin Press.

Keeley, P., F. Eberle, and C. Dorsey. 2008. *Uncovering student ideas in science, volume 3: Another 25 formative assessment probes.* Arlington, VA: NSTA Press.

Keeley, P., F. Eberle, and L. Farrin. 2005. *Uncovering student ideas in science, volume 1: 25 formative assessment probes.* Arlington, VA: NSTA Press.

Keeley, P., F. Eberle, and J. Tugel.2007. *Uncovering student ideas in science, volume 2: 25 more formative assessment probes.* Arlington, VA: NSTA Press.

Keeley, P., and J. Tugel. 2009. *Uncovering student ideas in science, volume 4: 25 new formative assessment probes.* Arlington, VA: NSTA Press.

Konicek-Moran, R. 2008. *Everyday science mysteries: Stories for inquiry-based science teaching.* Arlington, VA: NSTA Press.

Konicek-Moran, R. 2009. *More everyday science mysteries: Stories for inquiry-based science teaching.* Arlington, VA: NSTA Press.

Padilla, M. 2006. President's message. *NSTA Reports* 18 (9): 3.

第三章
使用本书的不同方法

撰写本书的初衷是为老师或成人面向幼儿园—8 年级学生在非正式场合中使用的，尽管如此，既然书中故事和内容背景材料是为那些以探究方式进行教学的教师准备的，那么老师在使用过程中可以采取灵活多样的方法。下面我略举一二，介绍此书除了可以用于中小学正式场合之外，还有其他不同的使用方法。

把本书用作教学指南

马萨诸塞大学邀请我为教育专业的硕士研究生讲授一门课程，我便决定把《日常科学之谜》(*Everyday Science Mysterise*, Konicek-Moran, 2008)这本书用作教材之一。本书的一个主要前提是，学生一旦对自己提出的问题产生浓厚兴趣，便会根据自己现有的智力发展水平和学习技能进行深入钻研。因此，尽管这些故事是为小学生设计的，然而我班里的研究生也能够发现与他们知识水平相适应、具有一定复杂性和挑战性的问题。

2007 年秋季学期，在马萨诸塞大学阿默斯特分校，本书被用作一门名为“通过探究方式探索自然科学”课程的课本和教学指南。这门课程的大纲摘要如下：

通过探究方式探索自然科学

EDUC 692 O

2007 年秋

授课教师

理查德·科尼赛克博士，荣誉教授

课程描述

本课程面向中小学教师,他们不仅需要提高自身对自然科学知识掌握的水平,而且需要了解如何把探究法应用于中小学课堂教学。自然科学包括生物科学、地球与空间科学以及物理科学等。教师需要利用探究技巧从上述科学领域选取若干主题进行探讨。所选主题均来自于日常现象,例如天文学(月亮与太阳观测)、物理学(运动、能量、热力学、声音以及周期运动)和生物学(植物学、动物学、动植物行为以及生物进化)等。

课程目标

预期学习目标:

- 了解自然科学三大领域的背景知识。
- 能够把这些知识融入教学之中。
- 就某一自然现象提出相关问题。
- 设计实验并利用实验回答问题。
- 分析实验数据并得出结论。
- 利用各种资源证明结论的合理性。
- 阅读与研究内容有关的科学文献。
- 把学到的理论与方法应用于教学之中。

与教育学院制定的概念框架之间的关系

合作:教师在班会期间应当以小组合作方式,学习科学知识以及教学方法与技巧。

反思实践:教师应当与学生一起探索并制定形成性评价标准。

通过多种渠道获得知识:教师之间应当把科学问题以及使用探究方法解决问题的经验拿出来分享。

评判、公平与公正:教师应当根据学生撰写的故事判断他们的理解程度。

基于证据的实践:教师应当通过探究方式探索形成性评价体系。

指定教材

Hazen, R. M., and J. Trefil. 1991. *Science matters*. New York: Anchor Books.

Keeley, P., F. Eberle, and J. Tugel. 2007. *Uncovering student ideas in science: 25 more formative assessment probes*, (vol. 2). Arlington, VA: NSTA

Press.

Konicek-Moran，R. 2008. *Everyday science mysteries*. Arlington，VA：NSTA Press.

参考文献

American Association for the Advancement of Science (AAAS). 2001.*Atlas of science literacy*（vol. 1）. Washington，DC：AAAS. Washington，DC：Project 2061.

American Association for the Advancement of Science (AAAS). 2007. *Atlas of science literacy*（vol. 2）. Washington，DC：AAAS. Washington，DC：Project 2061.

Driver，R.，A. Squires，P. Rushworth，and V. Wood-Robinson. 1994. *Making sense of secondary science*. London：Routledge-Falmer.

Keeley，P.，F. Eberle，and L. Farrin. 2005.*Uncovering student ideas in science*，*vol. 1*. Arlington VA：NSTA Press.

第一册研究的主题：

《日常科学之谜(一)》的内容都围绕故事而展开。本书在选择科学概念时主要依据国家研究委员会 1996 年制定《国家科学教育标准》中的核心概念。故事标题和相关的核心概念如下表所示。

地球系统科学

核心概念	故事				
	月亮的把戏	橡子去了哪里?	园艺大师	结霜的早晨	小帐篷哭了
物质的状态			×	×	×
状态变化			×	×	×
物理变化			×	×	×
融化			×	×	
系统	×	×	×	×	×
光	×	×			
反射	×	×			
热能			×	×	×

续 表

核心概念	故事				
	月亮的把戏	橡子去了哪里?	园艺大师	结霜的早晨	小帐篷哭了
温度				×	×
能量			×	×	×
水循环				×	×
岩石循环			×		
蒸发				×	×
冷凝				×	×
风化			×		
侵蚀			×		
沉积			×		
自转/公转	×	×			
月相	×				
时间	×	×			

物理学

核心概念	故事				
	神奇的气球	有人玩地掷球吗?	爷爷的大钟	邻里电话系统	多冷才算冷?
能量	×	×	×	×	×
能量转移	×	×	×	×	×
能量守恒		×			×
力	×	×	×		
重力	×	×	×		
热	×				×
动能		×	×		
势能		×	×		
位置和运动		×	×		
声音				×	
周期运动			×	×	

续 表

核心概念	故事				
	神奇的气球	有人玩地掷球吗?	爷爷的大钟	邻里电话系统	多冷才算冷?
波				×	
温度	×				×
气体定律	×				
浮力	×				
摩擦力		×	×		
实验设计	×	×	×	×	×
功		×	×		
状态变化					×
时间		×	×		

生物学

核心概念	故事				
	自我介绍	燕麦片生虫了	干枯的苹果	讨价还价的种子	直升机长成大树
动物	×	×			
分类		×	×	×	×
生命的过程	×	×	×	×	×
生物	×	×	×	×	×
结构和功能		×	×		×
植物			×	×	×
适应		×			×
基因/遗传	×		×	×	×
变异	×		×	×	×
蒸发			×		
能量		×	×	×	×
系统	×	×	×		×
循环	×	×	×	×	×

续 表

核心概念	故事				
	自我介绍	燕麦片生虫了	干枯的苹果	讨价还价的种子	直升机长成大树
繁殖	×	×	×	×	×
遗传	×	×	×		×
变化		×	×		
基因	×		×		×
变态		×			
生命的循环		×	×		×
生命的延续	×	×	×	×	×

作业:

天文学(25%):每个学生都需要观察白天的天文变化,据此开发地球、月亮和太阳关系的模型。学生需要在学期期间撰写月亮变化日志以及太阳影子变化日志,并定期上交。

主题(50%):另外,在学习期间,学生需要从地球、物理和生物三个领域分别挑选至少两个主题进行研究。学生需要围绕该主题找出问题,并就问题进行调查或实验。(例如:有没有不需要经过休眠期就能够发芽的橡子?)你应当把问题和试验拿出来跟同学一起分享,这样,所有学生都能直接参与相关内容的学习,或者通过听取报告与发表评论来间接参与。除了实验以外,学生还需要(1) 让他们自己的(中小)学生参与到实验或调查中来,(2) 制定形成性评价标准并对自己的学生进行评价,以此找出他们对所学知识的掌握程度。我将根据学生的实验设计、数据展示以及研究结果给他们打分。我将跟学生一起制定评分标准,按照标准对上述目标完成情况进行打分,然后把各项分值相加得出总分。

出勤/参与(25%):每一节课都需要学生全员参加。

延伸阅读书目:

American Association for the Advancement of Science (AAAS).1993. *Benchmarks for science literacy.* New York: Oxford University Press.

Ausubel, D., J. Novak, and H. Hanensian. 1978. *Educational psychology: A cognitive view.* New York: Holt, Rinehart and Winston.

Bransford, J. D., A. L. Brown, and R. R. Cocking, eds. 1999. *How people learn.* Washington, D.C. National Academy Press.

Duckworth, E. 1986. *Inventing density*. Grand Forks, ND: Center for Teaching and Learning, University of North Dakota.

Driver, R., A. Squires, P. Rushworth, and V. Wood-Robinson. 1994. *Making sense of secondary science: Research into children's ideas.* London and New York: Routledge Falmer.

Hazen, R., and J. Trefil. 1991. *Science matters: Achieving scientific literacy.* New York: Anchor Books.

Keeley, P. 2005. *Science curriculum topic study: Bridging the gap between standards and practice.* Thousand Oaks, CA: Corwin Press.

Keeley, P., F. Eberle, and L. Farrin. 2005. *Uncovering student ideas in science: 25 formative assessment probes* (vol. 1). Arlington, VA: NSTA Press.

Keeley, P., F. Eberle, and J. Tugel. 2007. *Uncovering student ideas in science: 25 more formative assessment probes* (vol. 2). Arlington, VA: NSTA Press.

Konicek-Moran, R. 2008. *Everyday science mysteries.* Arlington, VA: NSTA Press.

Martin, K., and E. Miller. 1990. Storytelling and science. In *Toward a whole language classroom: Articles from language arts,* ed. B. Kiefer, 1986–1989. Urbana, IL: National Council of Teachers of English.

National Research Council (NRC). 2000. *Inquiry and national science education standards: A guide for teaching and learning.* Washington, DC: National Academy Press.

Osborne, R., and P. Fryberg. 1985. *Learning in science: The implications of children's science.* Auckland, New Zealand: Heinemann.

Schneps, M. 1996. *The private universe project.* Washington, DC: Harvard Smithsonian Center for Astrophysics.

Shapiro, B. 1994. *What children bring to light.* New York: Teachers College Press.

Watson, B., and R. Konicek. 1990. Teaching for conceptual change: Confronting children's experience. *Phi Delta Kappan* May: 680–684.

本课程是为中小学教师或即将成为中小学教师的人开设的研究生课程。本课程可以被归类为教材/教学法课程，授课对象为那些对科学知识以及探究教学知之甚少的教师。我认为，如果教师自己在学习科学知识过程中利用探究方法能够取得实效，就会心悦诚服，从而很有可能把该方法应用于自己的课堂教学之中。不出所料，根据教师们的反馈意见，那些在岗教师在教学过程中采用探究方法，取得了令人满意的效果。因此，无论教师还是学生，都利用探究方法学到了实实在在的科学知识。由于研究生班的教师都是把这一方法当作作业来完成，所以他们在自己的学生面前愿意坦诚以待,告诉学生自己并不知道研究结果会怎样。教师通常遇到的一个问题是,他们不敢在学生面前承认自己无知,因此不肯跟学生一起共同进步。而在探究教学中,学生会因为能够与老师一起共同学习而感到兴奋,反之亦然。在岗教师还能够跟学生一道共同制定科学探索工作的评分标准,因此,对培养他们的元认知能力也有好处。

以这种方式使用本书初战告捷之后,我坚信,本书内容完全可以被用作教师参加本科和研究生培训的课程指南。正如前面课程大纲指出的那样,除本课程的教学内容和教学法之外,适当利用其他参考书目作为补充材料,既能够使教师增强运用探究方法的技巧,同时又能够丰富自身的科学知识。随着互联网逐渐普及,但凡能够操作电脑的人在网上几乎没有搜索不到的信息。有些教师对科学怀有畏惧心理,与他们选修的其他科学概论课程不同,本课程并不打算涵盖大量主题,而只是选取少数几个主题作为示范来帮助他们如何理解掌握。本书的基本理念是,在判断科学知识广度以及如何理解科学主题和概念之间哪个更重要时,当然是理解能力更重要。众所周知,目前美国科学课程设置饱受诟病的地方就在于重广度而不重深度。频繁的大规模考试更是火上浇油,过去几年里,我采访过的教师几乎都不愿意用探究方法来进行教学,因为“为了理解而教学”需要花费更多时间,却不能全面涵盖标准化考试中可能会出现的各种各样的知识要点。这样一来,即使学生能够在各种测验和评估中取得好成绩,他们的错误认识也几乎得不到纠正,依然坚持固有的错误观点。参见邦妮·夏皮罗所著的《孩子们如何发现光的秘密》(1994)一书。

在把本书用作教师培训项目中科学方法课程的参考书

传统意义上,参加科学方法培训课程的学生大都对科学充满恐惧心理。科学方法课程的主要目标之一就是要帮助学生消除这种恐惧心理,帮助他们将来在中小学教学中采用既动手又动脑的方法培养学生的科学技能。遗憾的是,很多学生在参加培训班之前对科学知识了解甚少,而且,他们需要选修的大多是概论(非实验)课程,或者是在大教室上的讲座。在短短12—13周内,教授教学法的老师需要把这些学生变成信心十足、热情洋溢的人,以便他们将来在自己的学生中践行探究式教学法。经过给本科生和参加培训的研究生教授这类课程30余年,我发现,首要目标是消除他们对科学的恐惧心理，通常的做法是，给他们布置一些压力小但成功率高的学习任务。其次，我尽力让他们明白，科学作为一门学科具有什么特点。再次，我发现，一些学生对科学感到非常生疏，有必要向他们传授适量的科学知识并纠正他们的错误认识。最后，同样重要的是，我尽力让学生熟悉科学领域的各种资源，这样，他们将来从事教学工作时知道如何查阅资料。显然，我们可以利用这一机会让学生了解他们自身的现状，了解自己如何学习，了解自己将来如何开展探究教学。

作为教学法课程最后一项作业，我布置学生编写一个日常科学之谜故事，并撰文说明如何利用探究法教授故事以及故事涉及的科学概念，结果远远超过这些年我和其他人使用传统教案取得的教学效果。这本书不仅可以作为研究生学习科学知识的教材（如前所述），也可以作为他们编写"日常科学之谜"教学案例时的范本。

把本书用作在家上学的参考书

有些孩子在家里接受父母的教育，他们只要上网搜索就能找到大量可以利用的资源，网上有现成的教学大纲和学科教材等。对那些自身科学知识欠缺或过时的父母而言，科学是一门令他们头疼的课程。父母如果能够跟孩子一起共同探索解开故事引发的谜题，就会发现本书使用起来特别容易。本书与《国家科学教育标准》和《科学素养基准》的教学大纲要求相吻合，涵盖了国家规定的必学科学概念，家长可以完全放心。他们可以跟学校教师一样使用本书，只不过缺乏课堂讨论的机会，父母应当多与孩子进行沟通、讨论，巩固孩子对科学调查研究的理解。

参考文献

Shapiro, B. 1994. *What children bring to light*. New York: Teachers College Press.

第四章
科学和素养

本章是进入科学故事之前的最后一章，我忍不住要向读者介绍一部除了英语专业学生以外很少有人读过的文学作品。下面一段文字摘自爱尔兰小说家詹姆斯·乔伊斯 1922 年撰写的经典作品《尤利西斯》：

> 照片上这个人所在的地方好像在哪里见过？想起来啦，是死海，他仰卧在海面上，在阳伞下读着书。你就是想沉也沉不下去：盐度太高。因为水的重量？不对，因为浮在水面上的身体重量等于什么东西的重量来着？要么是体积跟重量相等？反正就是这类定律。万斯在高中一边上课一边打着响指。大学课程，想想都让人头疼。提起重量，重量究竟是什么？每秒 32 英尺，是每秒。自由落体的定律：每秒，每秒。它们统统都落到地面上。地球。重量就是地球的引力。(p. 73)

在乔伊斯的这部小说中，主人公布鲁姆回忆起自己曾经看到一个人在死海上漂浮的照片，于是想要弄明白这一现象背后的科学原理。你是否注意到，有些人试图解释某个科学现象时，脑海里会涌现一大堆科学知识，却往往模糊不清、杂乱无章？或者你自己是否也有过类似经历？[此番借用乔伊斯的文学作品，是受到了《学校科学评论》(*School Science Review*)杂志一篇文章启发，该文作者为迈克尔·莱斯(Michael J. Reiss)。]

上学期间，布鲁姆似乎对学校课程和物理老师都很着迷。然而，当布鲁姆试图回忆关于浮力的科学原理时，他脑海里一片混乱，杂乱无章的科学语言与老师上课打响指的情景交织在一起。遗憾的是,即使在今天,这也不是什么例外,而是一种普遍现象。这种现象恰恰是我们在教学中应当极力避免的,也正是本章要探讨的主要内容。

把素养与科学联系起来有很多方法。下面我们将简要梳理相关研究文献,从其中一些教学理念我们不难发现,把素养与科学相结合不仅很有价值,而且至关重要。

素养和科学

在教学法术语中,“科学素养”与“科学与语言素养相结合”两者之间存在差异,但是,它们之间的共同之处或许比我们预想的要多。*科学素养*是指,一个人有能力理解科学概念,能够把所学的科学知识在日常生活中加以运用。换句话说,具有科学素养的人能够把学到的科学知识应用于学习情境之外的陌生情境中。例如,如果一个人能够依据自己学到的生态系统和生态学知识做出保护当地社区湿地的明智决定,那么我认为这个人具有科学素养。当然,我们希望在教育的各个领域都能实现这样的目标。语言素养是指阅读、写作、说话和理解能力。由于大多数学校重视阅读、写作和数学,它们在课程设置中往往被放在优先地位。我无数次听到老师们说他们的主要责任是教学生阅读和数学,而没有时间顾及科学。其实,各门课程并没有高低贵贱之分。我认为,出现这种误解,是因为校方不了解各门课程合起来能够产生协同效应。就教学而言,协同效应是指你从各门课程学到的整体技能大于各门课程简单相加的总和。

那么,这一切与探究式科学教学有什么关系?目前的流行趋势是注重科学与语言素养相结合。原因之一在于,越来越多的研究都在强调语言在科学学习中发挥重要作用。如果不能“自己动脑”的话,“自己动手”的科学就没什么意义。“食物大战”是一项需要亲自动手的游戏,一个人只是参加游戏的话学不到什么东西,但是如果明白扔果冻的空气动力学知识就完全两样。对科学知识的理解不是来自于物质本身,也不是来自于对这些物质的操控。学生们为了弄明白自己参与的活动具有什么意义,就有必要采取各种沟通方式,例如讨论、争辩、述评、小组协商以及社会交往等。这一切都需要使用*语言*,其表现形式为写作、阅读,尤其还有说话。而这又需要学生具有思维判断能力:倾听自己和他人用话语表达的观点或想法,或许还要看到这些观点或想法化成文字，他们才会明白自己在做什么以及从这些活动得出的结果是什么。这就是“自己动手，自己动脑”一对词语中往往被忽略的“自己动脑”部分。请看下面这段话：

> 在学校里，“说话”有时受到重视，有时被刻意避免，但是很少有老师教学生如何说话，这一点真令人吃惊。我几乎没有听到哪个老师跟我说，他是如何教学生说话的。几乎没听到过哪个老师讨论如何教会学生讨论。然而，说话跟阅读和写作一样，是智力发展的一个主要动力，甚至可以说是最重要的动力。(Calkins，2000，p. 226)

关于科学课堂上如何说话详尽、进行有益的探讨，我向你推荐《幼儿园—8 年级课堂上科学与素养的联系》(*Linking Science and Literacy in the K－8 Classroom*，2006)一书中杰弗里·威诺克(Jeffrey Winokur)和凯伦·沃斯(Karen Worth)合作撰写的一章“科学课堂上的说话：看一看学生和老师需要知道什么以及能做到什么”。你也可以参考该书的第八章。最近还有证据表明，英语语言学习者(ELL，English Language Learner)在学习新的科学知识以及语言知识时，能够从说话当中受益匪浅(Rosebery and Warren，2008)。

把科学探究和语言素养相结合，我们拥有大量研究文献作为依据。首先，帕迪拉及其同事的相关概念和理论著作表明，科学探究和阅读的思维过程(即观察、分类、推断、预测和沟通等)基本相同，而且，无论学生在做科学实验还是在阅读文章时，都要经历这些过程(Muth and Padilla，1991)。帮助孩子在阅读或进行科学研究时熟悉自己的思维过程，将会促进他们对元认知的了解并付诸实践。

作为老师，你也许需要为学生做个示范，比如看到某种现象后大声说出自己的想法。你应当帮助他们理解，为什么在做事的过程中一定要说出来，为什么了解自己的思维过程很重要。你可以这样说：“我认为温暖的天气会影响种子的发芽速度。我想我应该设计一个实验证明一下自己的假设是否正确。”然后，你可以说：“你们有没有注意到，我是如何提出假设，如何用实验对假设进行验证的？”让学生模仿你的思维过程，能够帮助他们明白在某些情况下为什么需要使用以及如何使用科学话语。

科学就是关于词汇及其含义的学问。博斯特曼(Postman)就词汇和科学关系的说法很有趣。他说:“生物学不是关于动物和植物本身,而是用语言对动物和植物进行描述……天文学不是关于行星和恒星本身,而是我们用话语把它们表达出来。”(1979,p. 165)更进一步说,科学也是一门语言,一门专门谈论这个世界以及我们生活其间、被称为科学的世界的语言。科学拥有独特的词汇表和语言结构,科学家利用这些词汇和结构来谈论他们的工作,这些东西通常被称为“话语”(discourse, Gee,2004)。孩子们需要学习这些话语,用来呈现证据,用来论证研究的要点、评价自己以及他人的研究工作、完善自己的观点,以便将来进行更深入的研究。

走进你课堂的学生并不擅长这门语言,实际上,他们甚至可能还没有入门。他们需要做科学研究,需要在知识渊博的成人帮助下,学习如何控制变量、如何做公平实验、如何搜集证据支撑自己的观点以及如何在所谓的“第一手调查”(Palincsar and Magnusson,2001)中运用科学方法,才能逐渐掌握这门语言。这就是直接与科学材料打交道的研究,或者用大家比较熟悉的话语来说,是科学调查中自己动手的部分。“第二手调查”这个术语是指运用文本、报告、数据、图表或其他间接资料,研究者不直接与科学材料打交道。瑟维蒂等人(Cervetti et al.)对此作了精彩的描述:

> 我[们]认为第一手调查就像胶水,它能够把一切与探究有关的语言活动粘合起来。在帮助学生学习概念知识以及传达这些知识的语境(包括专门术语)时,我们奉行的原则是:“读出来,写出来,说出来,做出来!”——你无须按照特定的顺序,或许,按照各种顺序都尝试一番效果反而更好。(2006,p. 238)

因此,你会发现同样重要的是:学生应当把自己的研究工作说出来并写出来;应当借助书本或者音像资料了解其他人在相关领域做出了哪些贡献;应当抓住一切机会详细记录自己的研究过程,以便将来能够回过头来审视自己在研究中有哪些发现。

科学语言

当然，科学这门学科中的写作、讨论和阅读与其他学科不同，例如，科学写作很简单，重点是根据获得的证据得出适当的结论。但是，科学包含的内容不仅仅是文字，它还包括触觉、图形以及视觉等手段，用来设计研究方案、把方案付诸实施以及把研究结果拿出来与他人分享。另外还有一点也非常重要，科学著作中有许多普通人不熟悉的词汇，在科学中的含义以及在现实生活中的含义并不相同，它们作为科学术语的意义非常明确，而且往往有违人们的直觉，例如：做功（工作）、力（力量）、肥料（植物的食物）、化合物（混合）以及密度（浓密）等。举例而言，如果你花了30分钟用力推一辆汽车，直到累得满头大汗，尽管汽车连1厘米也没有移动，你却觉得自己“工作”非常卖力。然而，在物理学中，除非汽车发生移动，否则你就根本没有“做功”。我们对学生说植物可以为自己制造食物，然后给他们展示一袋“肥料”（plant food）[①]。我们对学生说“穿上暖和的衣服”，然而衣服本身并不能制造“温暖”。

学生学习科学的时候需要改变理解方式。他们必须学习新的术语，并且给旧术语赋予新的含义。我们作为教师应当认识到自己不仅是科学教师，而且还是语言教师，在学生学习过程中予以帮助。我们谈论科学的时候就应当使用科学这门课程特有的语言。我们不应当回避科学术语，而应当尽量以通俗易懂的形式向学生解释清楚，在这个过程中应当充分利用图片和故事。

我们还应当懂得，科学包含的很多词汇要求学生既动手又动脑。含有比较、评估、推断、观察、修改或假定等词汇的句子往往意味着学生需要手脑并用去解决问题。我们只有认识到语言和智力发展密切相关，两者缺一不可，才能够把科学这门学科教好。

科学笔记本

近来，很多科学教育工作者大力提倡使用科学笔记本，认为它有助于激发学生

---

① plant food：可以理解为植物需要的“肥料”，也可以理解为“植物吃的食物”，还可以理解为供人食用的“植物性食物”。——译者注

学习科学的热情(Campbell and Fulton，2003)。使用科学笔记本不仅能够提高英语语言学习者的语言技能，而且有助于它们更好地理解科学概念和科学本质。

科学笔记本不同于科学日志或科学札记，因为它不仅仅是记录数据(日志)或记录学习中的反思(札记)，而是用于持续记录实验、设计、计划、词汇、思路、关切或困惑等。科学笔记本是对过去、现在以及未来所做的思考或预测进行记录，对每个学生而言都是独一无二的。老师应当确保每个学生有充裕的时间来做记录，并且要求他们对诸如“这个实验活动还有什么让你感到困惑的地方?”之类的问题作出具体回答。

关于科学笔记本的具体使用方法及其价值，参见布莱恩·坎贝尔和洛丽·富尔顿(Brian Campbell and Lore Fulton，2003)合著的《科学笔记本：关于探究的论述》(*Science Notebook：Writing About Inquiry*，2003)。

在我所构想的探究式课堂上，你可以想见科学笔记本是学生的必备之物。数年前我在一所小学工作的时候，见证了学生通过写作方式学习而创造了一个又一个小小的奇迹。对我们老师而言极为重要的一点是，应当要求学生每天把他们感到困惑的东西写下来，其效果非常显著。阅读学生的科学笔记本，可以让我们清楚了解他们的元认知如何形成，了解他们如何通过“大声”思考找到解决问题的方法。

使用科学笔记本给学生提供了难得的机会，可以帮助他们在活动中记录自己的心路历程。使用本书的故事时，科学笔记本上应当记录学生关心的具体问题、听完故事以后全班同学发表的各种想法和见解列表、学生自己以及全班一起收集的数据图或表格，或许还应当有学生自己或全班为解决故事中科学谜题而得出的最终结论。

试想一下，你班上的学生已经就某个故事得出了结论并取得了共识，作为教师的你可以让学生做些什么来完成收尾工作？可行的方法是，你可以让学生为这个故事续写“结局”，或者用标准的实验报告形式撰写一篇报告。当然，前一种方法也是把科学与语言素养相结合的一种方式。很多教师喜欢让学生学会撰写“公式化”的实验报告，只是为了让他们熟悉那种形式，而有些教师则喜欢让学生以趣闻方式撰写报告。根据我的经验，当学生不是机械地填写实验表格，而是把实验报告以趣闻方式呈现出来，则更能说明他们对相关概念有了深入了解。不过，这还是需要作为任课教师的你来做决定。当然，你也可以让学生把两种方式都尝试一下。

如前所述，设计这些故事以及后续活动的主要依据之一是建构主义理论。建构主义认为，知识是人们为了理解自己所生活的世界而建构出来的。果真如此的话，那么每个人应对某一情境或解决某个问题的方式一定与他所运用的知识有关。同理，对问题做出的*判断*以及对问题持有的*看法*也都因人而异，意识到这一点也非常重要。因此，关键在于，教师应当鼓励学生把自己对问题的看法以口头或书面形式表达出来。也就是说，所有学生和教师都能够就该话题各抒己见并对不同观点进行探讨。这样，大家可以开诚布公地对各种数据进行分析，消除他们脑海里可能潜藏的任何疑问。在《了解学生的科学想法：25 条形成性评价探讨》(2005，2007，2008，2009)丛书中，你可以找到关于这一过程的更多论述。

这些故事还指出，科学是一种社会、文化的活动，因此也是人类的活动。故事里的人物在实验调查、讨论和提问过程中经常需要得到他人的启发或帮助。那些人有自己的想法，提出自己的假设，故事里的主人公向他们讨教、跟他们合作或者跟他们激烈争论。我们提倡开展小组合作，在课堂上，学生之间可以取长补短，在家里，兄弟姐妹或家长也可以参与，以家庭小组形式进行辩论。

本书故事也可以由你念给孩子们听。这样，孩子们获得的信息比他们自己阅读故事所得到的多，因为孩子们能听懂的词汇量往往大于他们的阅读词汇量。他们不熟悉的词汇可以从故事上下文推断出来。或者，你也可以在朗读过程中把新词解释给他们听。我们发现，孩子们在听的过程中就对讨论跃跃欲试，比自己阅读时积极性更高。这样反而更好，因为本书的宗旨就是调动学生的积极性：激励他们在日常生活中积极发现问题、解决问题以及建构科学理念。

在探究中帮助学生

学生钻研科学难题的过程中，你应该提供怎样的帮助？一条很好的经验法则是，只要学生面对的问题没有彻底解决，你就可以提供你认为必要的帮助。换句话说，解决问题应该由学生自己做主导，而不是由你做主导。有时候，即使他们在调查研究过程中按照自己的思路走入了死胡同，也不失为一种人生体验。科学研究总是充满了失败的体验。孩子们阅读流行的大多数科普读物时往往会产生这样的印象：科学家们早晨起床，自言自语“我今天要发现什么？”然后直奔主题，目标明确，思路清晰，在当天晚餐来临之前不费吹灰之力就得出了结论。事实远非如此！但是，我们也需要格外注意，挫折不断很可能会扼杀学生学习科学的热情。

碰壁意味着研究者需要重新设计方案,或者换一个角度提出问题。最重要的是,碰壁不应当被看成是失败,而更像是给你提供了换一种方式从头再来的机会。教师在这个过程中应当起到平衡作用,一方面安慰学生不要灰心丧气,另一方面鼓励他们继续保持研究兴趣。有时候,让孩子们组成团队进行实验研究,更容易实现目标。当今,科学家们也经常是团队合作,从而能够充分发挥彼此的专长。

科学探索过程除了所谓的*科学方法*之外,还包括运气、个人偏好和情感等因素,而很多人并不懂得这一点。*科学方法*这个术语本身听起来就像是能够确保你取得成功的秘诀。首先,你能给学生提供的最重要帮助是让他们始终保持坚定的信心,充分利用各种方法解决问题。他们可以运用比喻、想象、画图或其他任何得心应手的方法来解答问题。然后,他们可以采用科学的基本模式进行研究,包括简化问题、控制各种变量以及剥离需要求证的变量等。

其次,你还可以帮助学生把实验设计方案进行简化,使每一个步骤便于控制。第三,你可以帮助学生学会使用科学笔记本认真记录研究数据。大多数学生并没有意识到科学笔记本的重要性,哪怕老师再三强调这一点。很多学生认为没有必要收集有用数据,因为他们作为实验新手在这方面还缺乏经验。直到他们发现因数据无法读取或没有记录下来而遇到麻烦时,才会明白科学笔记本的作用。问题是他们并没有把这一点当回事。孩子们之所以觉得无须详细记录阴影的长度,是因为他们不知道从现在起一周或一个月内这样做有什么意义。如果你帮助他们认识到收集数据的原因,认识到这些数据将会成为阴影随时间变化而变化的证据,那么他们就会明白,其目的是让他们能够把现在的数据与过去进行比较。这样,他们也就会明白当初需要使用科学笔记本的原因了。

根据我们的教学经验,强迫孩子们使用规定的数据收集表格不仅不能帮助他们理解收集数据的原因,而且在某些情况下会适得其反。有一次,一位观察员看到教室里孩子们正忙着填写实验表格,便问一个女生在做什么,那位女生毫不犹豫地回答"第三步"。我们的目标是,动员学生积极参与探究活动当中,所有步骤(包括第三步)都应当由他们自己设计:以符合逻辑、循序渐进、有意义的方式回答自己提出的问题。我们相信,这一点孩子们完全可以做到,但是需要成人耐心指导,并相信他们具备在朋友和导师的帮助下独立从事脑力劳动的技能。

关于数据收集最后再说一句。我自己作为科学家以及与其他科学家共事多年,我留意到我们都有一个共同点,那就是人人都随身携带一个笔记本,每天无数次把自己感兴趣的东西记录下来。科学家可能会碰到一些有趣的数据，虽然当时看来这些数据与他们的研究似乎没有直接关系，但是他们还是记录下来，因为说不定将来哪一天就能用得上。人的记忆是短暂的，往往靠不住。科学家的笔记本都很珍贵，是科学事业不可或缺的组成部分，在某些情况下，它们甚至具有法律效力，被法庭采信，因为人们普遍对科学家寄予厚望，认为他们会恪守职业道德忠实记录各种研究数据。我曾多次与我的导师、生物学家斯基普·斯诺(Skip Snow)一同从事大沼泽地国家公园蟒蛇项目研究工作，经常看到他在遇到有可能给研究工作带来新线索的数据时参阅以前的笔记。

帮助英语语言学习者

如果你班里的学生来自其他国家，英语语言知识有限，科学探究对这样的学生而言有什么作用？你如何利用科学课程既提高他们的语言水平，又拓展他们的科学技能和知识？

首先，让我们看一看学生在语言水平有限的情况下会面临哪些问题。李(Lee，2005)在对英语语言学习者及其学习科学的研究中发现，那些不是来自于西方主流社会的学生往往对主流社会的原则与规范缺乏了解。他们原先所处的社会并不鼓励学生提出问题(尤其是向年长者提问)，也不支持他们进行探究性学习。显然，若要帮助这些孩子摆脱自身所受文化传统的束缚，融入学校的新文化氛围，教师就必须把新文化的原则与规范向他们仔仔细细、形象生动地解释清楚，必须帮助他们主动承担起自己的学习责任。关于这方面的书籍很多，我在本章的论述当然不如它们那么详细。你可以参考 NSTA 出版社最近出版的《英语语言学习者学科学：幼儿园—12 年级课堂教学策略》(Science for English Language Learners：K－12 Classroom Strategies，2006)，能够从中找到很多具体帮助。另外一本书《幼儿园—8 年级课堂上科学与素养的联系》也由 NSTA 出版，尤其是该书第十二章“英语语言发展与科学素养的联系”。最后，还有《科学和儿童》杂志刊发的一篇文章“向二语习得者讲授科学”，该文就如何向英语语言学习者讲授科学提出了很多有用的建议。

我将尽最大努力总结一些实用的方法，把它们放在供教师参考的背景材料这一部分当中。

专家们认为,扩大词汇量对英语语言学习者而言非常重要。你可以着重帮助这些学生分别用他们的母语以及英语来辨认课堂上将要用到物体的名称,可以让他们把这些词汇记在科学笔记本上。有些教师成功地使用了一种名叫“实用词汇墙”的教具,这是一个标有图表和词汇的墙贴,随着学习进展而不断补充新的内容。如果可能的话,也可以在墙贴上用胶带粘上一些实物或照片。由于它对所有学生(不仅仅是英语语言学习者)都有好处,因此应当放在非常显眼的位置,方便学生温故而知新。

很多教师认为,探究教学中的小组活动能帮助英语语言学习者理解探究的进程和内容。把英语语言学习者和以英语为母语的学生搭配在一起能够促进学习,因为他们往往更乐于接受同学而非老师的帮助。同学之间相互提问也更方便。同学做出的解释效果也更好,因为他们年龄和知识水平相仿,拥有共同语言。

多利用黑板或白板。把词汇与可视教具结合起来。记住,科学依靠一定的语言环境。你不妨把学生家长邀请到课堂上来,让他们亲眼看看你是如何帮助他们的孩子学习英语和科学的。在探究过程中多花一些时间,让英语语言学习者逐渐了解如何控制自己学习科学与解决问题的过程。

SIOP 模式(Echevarria,Vogt and Short,2000)近来在教师中深受欢迎,他们利用这一模式在英语语言学习者中教授科学课程取得了很大成功。SIOP 是庇护(Shelter)、指令(Instruction)、观察(Obeservation)以及协议(Protocol)四个英文单词的首字母缩略。该模式强调学生在科学活动中亲自动手、亲自动脑,而这就需要英语语言学习者使用学术英语与同学进行交流。你可以访问 SIOP 研究院的网站。虽然我们很难用一句话概括这一模式的精髓所在,但其重点应当是把学术英语与探究教学结合起来运用。我们应当抓住每一个机会把科研活动与探究教学结合起来,应当充分利用语言的各种形式,包括听、说、读、写等。该模型还强调,我们应当鼓励英语语言学习者与以英语为母语的学生结对子,通过这种方式,前者可以从英语水平较高的后者那里学到更多词汇并练习使用。

简而言之,SIOP 模式与大多数其他二语习得(ESL,English as a Second Language)项目的区别在于,SIOP 强调科学学习和语言学习应当密切结合起来,两者相互促进,而不是把它们割裂开来。很多研究项目认为,英语语言学习者因为语言能力匮乏,无法掌握诸多学科的教学内容。而 SIOP 模式认为,只要英语语言学习者具有一定的语言基础,学习各门学科的同时在听、说、读、写等方面获得充分锻炼的机会，就能够把学科内容以及与之相关的学术语言都掌握好。

在课堂管理中，教师们也需要在语言方面多下功夫。教师需要跟学生多交谈，以确保他们能够充分明白教师布置的探究任务，确保他们能够把研究过程和结果用英语表达出来。教师的角色包括：提醒学生把科学研究记录下来，帮助他们用英语对研究发现进行讨论，以此确保他们在研究过程中专心致志。如前所述，不但英语语言学习者需要提高自己在某一学科的学术语言水平，所有学生都需要充分掌握该学科独有的词法或句法等语言内容。所有学生都应当像虚心的英语语言学习者一样，把自己当作是科学语言学习者（Science Language Learner），只有这样才能更好地学习科学。

接下来我们要进入故事章节。我希望这些故事能够给你的学生以启发，激励他们变成积极的探究者，把科学研究当做日常生活的乐趣充分享受。

参考文献

Buck, G. A. 2000. Teaching science to English-as-second language learners. *Science and Children* 38 (3): 38–41.

Calkins, L. M. 2000. *The art of teching reading.* Boston: Allyn and Bacon.

Campbell, B., and L. Fulton. 2003. *Science notebooks: Writing about inquiry.* Portsmouth,NH:Heinemann.

Cervetti,G. N., P. D. Pearson, M. Bravo, and J. Barber. 2006. Reading and writing in the service of inquiry-based science. In *Linking Science and Literacy in the K–8 classroom,* ed. R. Douglas, M. Klentschy, and K. Worth, 221–244. Arlington, VA: NSTA Press.

Douglas, R., M. P. Klentschy, and K. Worth, eds. 2006. *Linking science and literacy in the K–8 classroom.* Arlington, VA: NSTA Press.

Echevarria, J., M. E. Vogt, and D. Short. 2000. *Making content compresensible for English language learners: The SIOP model.* Needham Heights. MA: Allyn and Bacon.

Fathman, A., and D. Crowther. 2006. *Science for English language learners: K–12 classroom strategies.* Arlington, VA: NSTA Press.

Gee, J. P. 2004. Language in the science classroom: Academic social languages as the heart of school-based literacy. In *Crossing borders in literacy and science instruction: Perspectives on theory and practice,* ed. E. W. Saul, 13–32. Newark, International Reading Association.

Joyce, J. 1922. *Ulysses*. Repr., New York: Vintage, 1990. Page reference is to the 1990 edition.

Keeley, P., F. Eberle, and L. Farrin. 2005. *Uncovering student ideas in science, volume 1: 25 formative assessment probes*. Arlington, VA: NSTA Press.

Keeley, P., F. Eberle, and J. Tugel. 2007. *Uncovering student ideas in science, volume 2: 25 more formative assessment probes*. Arlington, VA: NSTA Press.

Keeley, P., F. Eberle, and C. Dorsey. 2008. *Uncovering student ideas in science, volume 3: Another 25 formative assessment probes*. Arlington, VA: NSTA Press.

Keeley, P., and J. Tugel. 2009. *Uncovering student ideas in science, volume 4: 25 new formative assessment probes*. Arlington, VA: NSTA Press.

Klentschy, M. 2005. Science notebook essentials: A guide to effective notebook components. *Science and Children* 43 (3):24-27.

Lee, O. 2005. Science education and student diversity: Summary of synthesis and research agenda. *Journal of Education for Students Placed At Risk* 10 (4): 431–440.

Padilla M. J., K. D. Muth, and R. K. Padilla. 1991. Science and reading: Many process skills in common? In *Science learning: Processes and applications*, eds. C. M. Santa and D. E. Alvermann, 14–19. Newark, DE: International Reading Association.

Palincsar, A. S., and S. J. Magnusson. 2001. The interplay of firsthand and text-based investigations to model and suport the development of scientific knowledge and reasoning. In *Cognition and instruction: Twenty-five years of progress*, eds. S. Carver and D. Klahr, 151–194. Mahwah, NJ: Lawrence Erlbaum.

Postman, N. 1979. *Teaching as a conserving activity*. New York: Delacorte.

Reiss, M. J. 2002. Reforming school science education in the light of pupil views and the boundaries of science, *School Science Review* 84 (307).

Rosebery, A. S. and B. Warren, Eds. 2008. *Teaching Science to English Language Learners: Building on students' strengths*. Arlington, VA. NSTA Press.

Winnokur, J., and K. Worth. 2006. Talk in the science classroom: Looking at what students and teachers need to know and be able to do. In *Linking Science and Literacy in the K–8 classroom*, ed. R. Douglas, M. Klentschy, and K. Worth, 43–58. Arlington, VA: NSTA Press.

供教师使用的故事和背景材料

地球与空间科学

核心概念	最冷的时候	地球变得越来越重?	月球在世界各地是什么样子?	日出,日落
太阳能	×			
温度	×			
热	×			
辐射冷却	×			
天气	×			
气候	×			
物质循环		×		
腐烂		×		
分解		×		
质量守恒		×		
封闭系统	×	×		
昼夜平分点				×
至日			×	×
纬度			×	×
地球的倾斜				×
反射			×	
公转			×	×
月相			×	
地球月球太阳系统			×	×

第五章
最冷的时候

大沼泽地国家公园护林员鲁迪负责一个名为“走进荒野”的项目。在这个项目中,鲁迪需要招募佛罗里达州迈阿密地区的不同家庭前来大沼泽地国家公园露营两晚,主要招募那些从来没有到过国家公园或者没有野外露营经验的家庭。找到符合这一条件的家庭并不难,难的是如何说服他们体验一下野外生存的乐趣。孩子们往往害怕荒野夜晚一片黑暗、野兽出没,甚至一些成人也不例外。最后,鲁迪终于找到一个愿意露营的家庭,成员有妈妈、爸爸和两个孩子——哥哥吉恩和妹妹萨莎。

当他们到达公园时,妈妈说她前一天晚上一夜没合眼。她为孩子们感到担心:他们会喜欢这样的经历吗?他们会安全吗?他们了解沼泽地国家公园后还想再去露营吗?

一家人在游客中心停车场见到了鲁迪。他们根本没有自己的露营设备,所以鲁迪为他们准备了望远镜、食物、炊具、水壶、睡袋以及帐篷等。此时正值旱季的一月份,但是夜间可能会变得很冷,因为迈阿密很少出现寒冷天气,一家人并没有准备多少御寒衣物,所以鲁迪给他们每人都配备了暖和的睡袋和夹克。

一家人花了一整天时间在国家公园里观赏了鸟、龟、鱼以及鳄鱼等动物之后,鲁迪帮助他们在营地搭建帐篷。周围还有众多其他游客,因此一家人感到很安全。他们生起了篝火,把棉花糖和热狗烤着吃,不知不觉就到了睡觉的时间。天黑时间大约是下午五点半,而第二天太阳升起时间大约是早上六点。

“如果午夜天气变冷,我能过来跟你们挤一挤吗?”萨莎对父母说。

“当然,”爸爸说,“只要不是早上太早就行。”

“哦,不会的,”吉恩说,“因为最冷的时候是在午夜前后。”

“我敢打赌,早上三点左右最冷,”萨莎说,“那时*真的*很早,是不是太早了?”

“嗯,我说的早些时候是指日出前后,”她父亲说,“早上起来喝咖啡前我睡得正香,那时候别来敲我的门。”

鲁迪插嘴说:“你们认为今夜室外什么时候最冷,午夜、凌晨三点还是日出时分?”

萨莎说是凌晨三点。吉恩坚持说是午夜,而爸爸认为应该是日出时分。妈妈已经钻进了睡袋,对此毫无头绪。她一心只想把帐篷密封得严严实实,以防小动物钻进去。

鲁迪说,找出正确答案肯定会很有趣,但是他们如何才能做到呢?

“明天再说吧。”萨莎的爸爸说。说到就要做到,第二天早上全家人一边在火堆旁摊煎饼吃,一边商量着如何去做。

目的

这则故事的目的是帮助学生了解地球的热量来源。当然,这个来源就是太阳,太阳光线照射到地球上某个特定地点时,只会给那个地点的温度产生影响。这则故事的另一个目的是激发学生设计一种方法,用以找出正常情况下当地最低温度出现在一天的什么时候。

相关概念

- 太阳能
- 热能
- 天气
- 温度
- 辐射冷却
- 气候

不要惊讶

你的学生可能没有意识到,晴朗的夜晚存在辐射冷却现象,会让热量离开地球表面。学生有可能认为午夜"巫术时间"(witching hour)有某种神秘的含义,或者认为午夜过后太阳就已经开始给地球带来热量。我们还发现,很少有学生能够认识到,在地球任何一个地方,即使太阳已经出现在地平线上,它仍然需要一段时间在空中上升到一定高度后才能给地球带来温暖。

内容背景

大多数学生和成人都认为太阳是给地球带来温暖的热量来源。我们从电视天气预报经常听到辐射冷却这个词,知道晴朗的夜空因为没有云层,所以能够让地球的热能畅通无阻地辐射到外太空。这个简单的热力学定律是我们生活的重要组成部分,我们不难理解"热量一般是从温暖的地方向寒冷的地方转移"这一概念,然而,正如本故事描述的那样,我们很难预测热量什么时候返回地球。因为日出标志着"太阳"这个热源出现,有人自然就会认为气温立刻就会升高。然而,只要你在日出时到户外感受一下,就会知道尚需一段时间之后气温才能升高。要让气温产生明显变化,就需要大量太阳直射光线,而很多人并不理解这一点。

太阳光线要让气温产生明显变化,就必须在空中上升至一定的高度。研究人员通过对每小时气温上升幅度测量发现,气温在上午几个小时内增加速度缓慢,通常要到下午才能达到峰值,也就是说,如果天气晴好,随着白天时间推移地球表面吸收的热量比其辐射出去的热量多,因此逐渐变得暖和。这就意味着,地球在不断接收热量的同时也在释放热量。由于中午太阳入射角度较高,地球接收的热量超过释放的热量,这种情形有时甚至持续至日落,日落以后地球会逐渐失去热量。

有些地方一到冬季就冰霜覆盖大地,人们对辐射加热现象并不陌生。在晶莹剔透的冰封地面上,我们能够看到树木、电线杆及其他物体的阴影。随着太阳逐渐升高,地上的冰霜开始融化,而这些阴影部分被树木等遮挡了光线变成了我所谓的“霜影”。因此,这些洁白的“阴影”是由于太阳辐射不足造成的。随着越升越高的太阳角度和方向逐渐改变,白色的霜影慢慢消失。这一现象表明,造成地球表面温度升高的主要原因是太阳光线,最终把冰霜融化。这一现象也表明,地球表面温度升高需要一定的时间,因此冰霜不会马上融化。这一现象还表明,太阳光线的强度在角度较低时不如角度较高时强。

我们能够观察到,由于太阳升起以后在空中逐渐向西南方向运动,最终在西方落下,而随着太阳方位逐渐改变,白色霜影沿着顺时针方向逐渐消失。阴影越宽,这一现象就越明显,我们甚至可以据此测量太阳运动的方向和速度。我们可能会注意到,大树阴影比小树或电线杆阴影消失的速度慢。“霜影”出现与消失的时间非常有利于学生观察,每天旭日东升、学校开始正常上课的时候,地面上的冰霜尚未融化,你的学生有充分时间对霜影进行观察并展开热烈讨论。

在讨论过程中,有人可能会提及关于气候的话题。学生可能会说:“气候是你心里期待的情形,而天气是你实际见到的情形。”气候模式受到诸多变量影响,例如海拔、纬度、水域、风、降雨及其他条件,观察记录周期至少为 30 年。气候类型有沙漠、雨林、云林、热带以及苔原气候等。南佛罗里达州属于亚热带气候,而处于同纬度的世界其他地区多为沙漠,例如索诺兰沙漠、戈壁滩或撒哈拉沙漠等,导致这里与其他地区气候模式不同的原因在于,南佛罗里达州三面环海并且有暖流经过,由此导致该地一年分为雨季和旱季两个季节。这里被划分为亚热带,因为热带通常是指北纬与南纬 23.5°以内的地区。南佛罗里达州的纬度大约为北纬 25°,因此,这里既有异常炎热的热带天气，也会出现霜冻，甚至会遭遇长时间寒冷天气，例如刚刚过去的2009—2010年冬季。不过，这种异常寒冷的天气非常罕见，100年间仅会出现一到两次。

就某个地区而言，气温在一天之内可能会出现大幅波动。例如，在沙漠中，夜间温度可能降至冰点（32华氏度）以下，而白天温度可能飙升至100—200华氏度。本故事描述说最低气温出现在黎明时分，正好符合这种情况。但是，如果一个地方被群山包围，那么只有等到太阳上升的方位高出山顶，才能把温暖的阳光洒向大地。

"辐射"或"辐射冷却"是指地球通过长波（红外）辐射失去热量的过程，与太阳通过短波或"可见光"给地球带来的热量相互抵消。地球的冷却过程非常复杂，与对流（气流）、蒸发以及其他因素（地理因素等）相关。地球辐射冷却每时每刻都在发生，然而在晴朗、无风、干燥的夜间等情况下最为剧烈。

《国家科学教育标准》（国家研究委员会，1996）的相关内容

幼儿园—4年级：天空中的物体

- 太阳为地球提供必要的光和热，以保持地球温度稳定。

5—8年级：能量转移

- 太阳是造成地球表面各种变化的主要能量来源。太阳通过发出光线来释放能量。太阳光的一小部分照射到地球，把能量从太阳转移到地球。到达地球的太阳光由一系列不同波长的光线组成，包括可见光、红外线和紫外线等。

5—8年级：太阳系中的地球

- 太阳是造成地球表面出现各种现象的主要能量来源。

《科学素养基准》（美国科学发展协会，1993）的相关内容

幼儿园—2年级：能量转化

- 太阳给大地、空气和水带来温暖

3—5 年级:地球

• 天气时刻发生变化,我们可以使用温度、风向和风速、降水等可测量的数值加以描述。

6—8 年级:地球

• 地球表面某个地方的温度在某一天内或某一年间往往上下波动,其波动趋势可以预测。

6—8 年级:能量转化

• 热量可以通过原子碰撞在物质之间转移,或者通过辐射在空间中传播。

在幼儿园—4 年级中使用这个故事

最好的做法是,首先应当让低年级学生了解温度计的常识:如何查看温度计的刻度以及温度范围。很多老师喜欢从探温贴条(thermal strip thermometer)开始,把这种变色贴条贴在前额可以显示体温。你可以用几个容器分别装满温度不同的水,注意温度应当控制在学生感到舒适、安全的范围内。让学生把手浸入水中,然后让他们把自己的感觉与温度计显示的数值进行比较。这样,“凉爽”和“温暖”这两个概念就与具体数值挂上了钩,学生可能会认识到,温度计显示的数值比他们自身的感觉更加精确。

为了让学生了解太阳能量的威力,你可能需要购买一些便宜的彩色画纸,它们在阳光照射下容易褪色。如果天气晴好,把画纸放在阳光能够照射到的地面或桌子上。让学生把碟子或积木等物体放在纸上遮挡阳光,甚至把碟子或积木换成卡通人物剪纸(这样就把艺术教育融入科学课程之中)。画纸经太阳照射几个小时后会褪色,而被物体覆盖的地方则会留下物体的轮廓(影子)。这可能导致学生提出如下问题:

• 如果晴天在室内窗户玻璃上做这个实验,物体是否也会在玻璃上留下自己的形状?

- 阳光在下午是否比上午给物体留下阴影的速度更快?
- 阳光在下午是否比上午给物体留下的阴影更暗?
- 在一年中不同时间,阳光给物体留下的阴影是否不同?
- 你的影子长度发生变化时,不同物体的影子形状发生怎样变化?

你可以教学生制作"温度计冰棒"(把温度计插入冰块里),他们看到后肯定会感到新奇有趣。具体做法是,把温度计的球部一端插入冰块里,把显示温度的一端当成"冰棒"把手。你们可以观察到,即使冰块逐渐融化,温度计显示的温度始终为0度。这样,孩子们在感受冰块"冰冷"的同时,也能看到它的具体温度是多少。

在5—8年级中使用这个故事

这个年龄段的孩子已经能够熟练运用互联网等大众传媒收集相关信息来解决故事中提出的问题。互联网非常有用,因为学生不大可能长时间坚持每天(白天和黑夜)每隔一小时记录温度数据(这样的要求也是不合理的!)。学生可以把几周内的逐小时观察结果记录在科学笔记本上,根据观察到的温度变化模式得出某些结论。

你可以把《了解学生的科学想法(四)》中的"野营之旅"当作一个引子,该探究案例能够充分调动学生的积极性(Keeley and Tugel,2009)。你可以在学生进行实验之前利用该案例对学生进行评估,也可以在实验结束后用作评估工具。

生活在热带以外的孩子们对室外温度的季节性变化非常熟悉,尽管如此,他们对"最低气温出现在黎明时分"这一结论依然会感到惊讶。你可以让学生使用手电筒和纸做一个实验。在暗室里,学生拿着手电筒垂直向下(代表中午时分的阳光)照射一张纸,用笔把照亮的区域圈起来。然后,把手电筒倾斜一下(代表黎明时分的阳光),再用笔把照亮的区域圈起来。他会发现,光线在倾斜情况下比在垂直情况下照亮的区域面积大。这一现象说明,太阳在黎明时分照射到地球上的区域面积相对较大,因而每一个地点接收到的热能相对较少。你也可以让学生使用加热灯和温度计做类似的实验,分别使用加热灯以倾斜角度与以垂直角度照射温度计,就会发现在前一种情况下温度上升相对较慢。

学生通过对实验数据进行分析,得出(一般而言)温度在黎明时分最低的结论,此时我们的故事就可以结束了。爸爸的担心不无道理,等到黎明两个孩子感到寒冷的时候肯定会去"敲他的门"。

如果有学生提及气候的话题,上述内容也能给你提供一定的帮助。这则故事未必涉及那么广泛的内容,不过,气候以及气候变化造成的种种结果往往都会激发学生的强烈兴趣。

相关书籍和美国科学教师协会期刊文章

Keeley, P, 2005. *Science curriculum topic study: Bridging the gap between standards and practice.* Thousand Oaks, CA: Corwin Press.

Keeley, P., F. Eberle, and J. Tugel. 2007. *Uncovering student ideas in science: 25 more formative assessment probes, vol. 2.* Arlington, VA: NSTA Press.

Keeley, P., F. Eberle, and C. Dorsey. 2008. *Uncovering student ideas in science: Another 25 formative assessment probes, vol. 3.* Arlington, VA: NSTA Press.

Keeley, P., and J. Tugel. 2009. *Uncovering student ideas in science: 25 new formative assessment probes, vol. 4.* Arlington, VA: NSTA Press.

Konicek-Moran, R. 2008. *Everyday science mysteries: Stories for inquiry-based science teaching.* Arlington, VA: NSTA Press

Konicek-Moran, R. 2009. *More everyday science mysteries: Stories for inquiry-based science teaching.* Arlington, VA: NSTA Press.

Konicek-Moran, R. 2010. *Even More Everyday Science Mysteries: Stories for inquiry-based science teaching.* Arlington, VA: NSTA Press.

参考文献

American Association for the Advancement of Science (AAAS).1993. *Benchmarks for science literacy.* New York: Oxford University Press.

Childs, G. 2007. A solar energy cycle. *Science and Children* 44 (7): 26–29.

Diamonte, K. 2005. Science shorts: Heating up, cooling down. *Science and Children.* 42 (9): 47–48.

Driver, R., A. Squires, P. Rushworth, and V. Wood-Robinson. 1994. *Making sense of secondary science: Research into children's ideas.* London and New York: Routledge Falmer.

Gilbert, S. W., and S. W. Ireton. 2003. *Understanding models in earth and space science.* Arlington, VA: NSTA Press.

Keeley, P., and J. Tugel. 2009. *Uncovering student ideas in science: 25 new formative assessment probes, vol. 4*. Arlington, VA: NSTA Press.

Konicek-Moran, R. 2008. *Everyday science mysteries*. Arlington, VA: NSTA Press.

Konicek-Moran, R. 2009. *More everyday science mysteries*. Arlington, VA: NSTA Press.

National Research Council (NRC). 1996. *National science education standards*. Washington, DC: National Academy Press.

Oates-Brockenstedt, C., and M. Oates. 2008. Earth science success: 50 lesson plans for grades 6–9. Arlington, VA: NSTA Press.

第六章

地球变得越来越重?

正在清扫落叶的汤姆抬起头来,对表妹劳拉说:“我认为,地球变得越来越重。看看我们四周的落叶。落叶逐年都在增多,而且有一定的重量,对吧?”

劳拉斜靠在耙子上,一脸狐疑地看着汤姆。“你怎么会冒出这么奇怪的想法?真聪明,”她揶揄道,“是不是因为你非常讨厌搂落叶?你觉得我们应该把落叶留在那里,让它们继续给地球增加重量?”

“我说的话也有一定的道理,难道不是吗?每年树木都会长出很多叶子,然后落下来,堆积在地面。你看那片树林,去年就有成吨的落叶,下面还有前年的落叶,它们加起来分量可不轻。”

“也许是吧。这种情形已经存在数百万年,所以古老的地球现在肯定变胖了。难怪科学家们说,地球转得越来越慢。”劳拉打趣道。

“她根本不相信我的话。”汤姆心中暗想。

“这样吧,”汤姆说,“让我们到树林里看一看地上的落叶,我要证明给你看。”

两个孩子走进了树林,开始查看不同层次的落叶。

“你瞧,”汤姆说,“这是今年的落叶,它们下面是去年的落叶,再往下是前年的!我承认,它们尽管又潮又烂,毕竟还在那里。”

“嗯,”劳拉说,“但是,三年前、四年前的落叶在哪里呢?”

“我想,它们肯定在地下某个地方,”汤姆说,“让我们挖一挖,看看是什么情况。”

说挖就挖,“考古发现”最终解决了两人的争端。

目的

我的研究以及他人的研究均表明，孩子们很难理解生态系统中有机质的循环。这则故事的目的是激励学生思考：有机质随着时间流逝会发生什么变化？

相关概念

- 物质循环
- 分解
- 物质守恒
- 腐烂
- 封闭系统
- 开放系统

不要惊讶

除非学生对“物质具有微粒性”有所了解，否则他们很难明白物质能够被分解成为很小的组成部分，而这些部分可以与其他物质组合形成新的化合物，为新的生物提供必要养分。你的学生可能真的相信，数万年来，不断积累的落叶和枯木确实会给地球增加重量。毕竟，我们不也亲眼看见小树苗长成参天大树吗？它们难道不会给地球增加重量吗？

内容背景

显然，我们不希望自己的学生错误地认为，数万年来积累的落叶会让地球变得越来越臃肿，也不希望他们错误地认为，不断成长的树木及其他植物会给地球增加重量。严格说来，陨石进入大气层并最终坠落到地球表面，有可能给地球增加些许重量。的确，一些氢原子不断逃逸到宇宙空间，火箭与卫星飞离地球以后最终消失在太空，但是，这些重量微乎其微。尽管学生可能会提到这些问题，但是地球由此获得或失去的重量可以忽略不计。

在这则故事中，我们谈论的是地球上自从有树木及其他植物进化以来落下的数吨重叶子。如果你到落叶阔叶林中走一走，就会惊讶地发现积累的落叶厚度有多深。如果你家的院子周围被树木环绕,就会知道清理落叶需要耗费你大量的时间和精力。没错,从树上落到地上的叶子数量极为庞大。如果树叶落到地上以后一直完好无损地待在那里,你可以想象它们堆积起来该有多高。

拨开今年的落叶继续往下挖,你会发现一些看起来皱皱巴巴、湿漉漉的烂树叶,形状已经很难分辨。陈旧的树叶已经进入腐烂过程,正在被分解者分解成为它们的最小组成部分——分子,而正是这些分子构成的树叶曾经生产糖和淀粉。各种各样的动物(主要有蚯蚓、马陆、球潮虫之类的无脊椎动物)以及众多细菌和真菌等各司其职,把落叶及其他植物分解成堆肥——一种富含有机质的土壤。分解者首先把有机质吃掉,经过消化把有机质分子排出体外,成为土壤的组成部分。你向地下挖掘越深,就会发现下面的树叶越来越像土壤。分解者工作很出色,树叶的形状已经无法辨认。然后,其他生物(包括树木本身)从有机质分子中汲取养分,继续繁衍生息。这样就构成了一个完整的循环。

我本人以及我的一些同事对"分解"这一概念的研究结果表明,儿童和成人大都认为死亡的生物好像变戏法一般直接变成了土壤(Leach, Konicek and Shapiro, 1992; Leach et al., 1992;Sequeira and Freitas,1986)。当然也有例外,有些学生对"物质具有微粒性"有所了解,他们懂得物质是由微小的颗粒构成的,而这些微粒可以被其他生物重新利用。

各种树木以及其他植物不断长大,却又不会给地球增加重量,为什么?答案可能更让学生难以置信。地球是一个"封闭系统",因为地球上的物质受到一定限制,被限定在地球和大气圈范围之内。如前所述,地球与宇宙其他部分几乎不存在"物质交换",当然,能量除外,尤其是来自太阳的辐射能。植物在制造自身生存所需物质以及为其他生物生产食物时,必须利用大气中的二氧化碳和太阳的能量。

很多人认为,我们周围的空气既没有重量,也算不上物质。既然空气不是物质,那么它如何为所有植物提供它们赖以生存的碳元素?然而,除非我们能拿出充分的证据,否则很难令他人信服。

当植物腐烂时,物质以分子的形式重新回归大地,被其他生物吸收利用,因此,这些物质始终存在于地球之上,质量没有发生变化。请看一个探究案例"密封罐里的秧苗"。该案例建议,你在罐子里装入土壤,撒播一些种子,然后把罐子密封起来,静待种子发芽成长。在种子发芽以前,称一下整个密封罐的重量;在幼苗长出来以后,再称一下密封罐的重量。你会发现两次称得的重量相同。因为没有其他物质进入罐子，罐子中的物质也没有跑出来，所以密封罐跟地球一样都是封闭系统(Keeley, Eberle and Farrin，2005)。另见《日常生命科学之谜》(2013)中的章节“密封罐里的秧苗”。你可能想要自己尝试一下，如果你想要确认封闭系统是否是一个完全自给自足的系统，也可以自己做一做这个实验。最后，如果你还想进一步了解分解过程，也可以阅读本书第二十二章“腐烂的苹果”。

《国家科学教育标准》(国家研究委员会，1996)的相关内容

幼儿园—4 年级：生物的特征

- 生物具有基本需求。

幼儿园—4 年级：生物和环境

- 一切生物都能够改变它们生存的环境，一些变化对某种生物或其他生物有害，而一些变化对它们有利。

5—8 年级：种群和生态系统

- 分解者(主要是细菌和真菌)是消费者，它们以垃圾和死亡生物为食。

《科学素养基准》(美国科学发展协会，1993)的相关内容

幼儿园—2 年级：物质和能量转移

- 很多物质可以被循环利用，有时表现为不同的形式。

幼儿园—2 年级：稳定和变化

- 事物能够以某种方式发生变化，也能够以某种方式保持原样。

3—5 年级：生命的相互依存

- 昆虫及其他各种生物以死亡的植物和动物为食。
- 大多数微生物不会引起疾病，而且很多都是有益的。

3—5 年级:物质和能量的流动

- 一切生物都需要某种形式的能量,用以满足生存和成长需要。
- 整个地球上,生物不断地生长、死亡、腐烂,新生命从老去的生命中诞生。

在幼儿园—4 年级中使用这个故事

我建议你首先使用《了解学生的科学想法(三)》(2008)的探究案例“腐烂的苹果”。你可以借此了解学生对分解过程的前概念水平如何。我敢打赌,你的学生大都会认为,苹果被风和水软化,然后直接融入了土壤。

对这个年龄段的孩子而言,你最好让他们观察密封容器中苹果或其他水果的分解过程。一定要把容器的盖子盖好,以免容器里的真菌孢子跑出来污染教室的空气。学生能够亲眼看见真菌是如何把水果分解掉的。如果天气比较热,你最好在容器盖子上开几个孔,并把容器放在窗台外面,这样,学生能够观察分解过程,而又不至于用手去触摸容器。苍蝇能够飞入容器中产卵,卵经过孵化变成蛆以后加速水果的腐烂过程。学生看到这种情景便会明白:比真菌大得多的动物在分解过程中也发挥着重要作用。

真菌在生物学分类中属于一个单独的类别。它们分解死亡生物并从中吸收自身成长所需的营养物质。真菌通过孢子繁殖下一代,而孢子在大气中到处都有,它们是真菌的母体,一旦碰到残羹冷炙就会“狼吞虎咽”。有些人对孢子过敏,例如,霉菌是一种真菌,能够让很多人产生过敏反应,甚至危及性命。曾经有报道说,因为霉菌污染严重,整栋大楼被迫关闭,甚至被摧毁。

如果你不想让教室变成细菌或真菌分解食物的“车间”,可以从互联网上寻找相关资料。若要观看一段关于蔬菜和水果分解的延时拍摄视频,可以访问相关网站,有些人觉得分解过程令人感到恶心,我建议你在给学生播放视频以前自己先看一看。根据我的个人经验,低年级学生看到延时拍摄的果蔬分解过程都会感到非常惊讶,而高年级学生更是感到不可思议。你还会注意到,在展示生命循环的影像中,堆肥里会有某些植物正在萌芽。

关于树叶及其他东西落到地上以后会发生什么变化,你可以让学生填写“我们的最佳思维榜”。如果你先让学生填写“最佳思维榜”,然后再让他们实地翻找树叶或观看分解过程视频，那么他们可以根据调查结果修正自己的观点。（小心：如果你生活在热带或亚热带地区，落叶堆里往往潜藏着蝎子、蜈蚣以及银环蛇等有毒动物。你最好让学生在查看下层树叶的时候先用耙子搂一搂，以保护自身安全。）

这则故事与本书第二十二章“腐烂的苹果”以及《日常科学之谜（二）》（Konicek-Moran，2009）“蚯蚓不只是诱饵”等内容相辅相成。我认为，三则故事共同关注生物学最重要的概念之一——分解，而儿童与成人对这一概念却知之甚少。制作堆肥（循环利用有机物质）有助于减轻垃圾填埋场的负担，了解这一点可以增强我们管理地球的责任心。填埋场垃圾有很大一部分都是有机物质，完全可以被我们循环利用。至于哪些物质适于以及不适于制作堆肥，你可以在环境保护署网站找到相关信息。

在5—8年级中使用这个故事

高年级学生往往更倾向于赞同劳拉的观点。使用“在幼儿园—4年级中使用这个故事”一节中提到的探究案例，可以帮助你了解学生关于“分解”的前概念水平。请注意该案例中学生用书面形式写下的各种理由，往往在这一部分，你才能看出他们究竟有没有真正了解分解者在分解过程中发挥的作用。只有塞尔玛（Selma）的回答提到了分解者：“我认为，微小的生物利用它获取能量以及成长所需的营养。”从你的学生写出的各种理由中，你可以看出他们是否真正弄懂了这个问题。

如果你的学生想要模仿故事中的情节走出教室去寻找落叶，他们肯定会注意到地上的落叶有薄有厚。（正如我在上一节提到的，务必小心落叶堆里潜藏的危险动物。）如果你让学生在土壤中继续深挖，他们肯定会发现蠕虫、球潮虫、马陆等各种小动物，它们正在参与分解落叶及其他有机质的过程。你可以提醒学生留意有些树叶上还长有真菌。四处找找看，他们会发现，无论是倒下还是直立的枯木上面都会长有真菌，这些多孔菌通常被称为“云芝”，它们与其他植物能够加速枯木的分解过程。在雨季，由于枯木表皮不断被分解脱落，再加上活着的树木叶子、果实等物质不断掉落下来，枯木往往会变成培育新苗的“温床”。它们之所以被称为“温床”，是因为其上寄生着大量植物，进一步加快了枯木的分解过程。这些寄生植物通常是蕨类植物，但是在某些气候条件下，有些植物甚至能长成参天大树。这些植物利用根系从枯木中汲取养分满足自己的生长需要,从而加快了枯木的分解过程。

现在,让我们谈一谈"植物在封闭系统里生长"的概念,帮助学生理解"植物为了自身生长发育需要而利用空气中的碳"的过程。你可以参考上述探究案例"密封罐里的秧苗",把它当做学生讨论的引子。在种子发芽、成长以后,密封罐系统的重量将会变重、变轻,还是保持不变?让学生就这一问题展开讨论并把各自的理由写出来。然后,让学生使用该案例中提到的各种资料自行设计研究方案。《日常生命科学之谜》(2013)中的章节"密封罐里的秧苗"也探讨了这一话题。然而,我建议你在使用这一故事时把重点放在"封闭系统"。一个封闭系统只要设计合理,重量在任何时候都不会发生变化。要求学生把各种变量逐一确认,调查过程做到完全公平。你最好让学生在实验前后把该系统的每一个部分分别称重:种子、土壤、水、罐子以及盖子,以便他们在后来的讨论中用事实说话。

学生们有可能会说:

- 帮助种子发芽与成长的物质重量来源于土壤;
- 帮助种子发芽与成长的物质重量来源于水;
- 有人偷偷向罐子里添加或从中取出一些土壤或水。

真理越辩越明。学生最终将会得出结论,密封罐里无论发生了什么变化,始终都是利用罐子里面的物质。当然,单是这一点可能不足以让所有学生相信,大气也为罐中种子发芽与成长提供了必要的物质。(植物将会变得越来越重,而土壤重量不会发生明显变化,至少,土壤减少的重量远远低于植物成长后的重量。)尽管如此,这一实验可以为学生将来进一步学习相关概念奠定基础,他们将会明白,大气的确为植物成长提供必要的物质:二氧化碳中的碳。

你也可以让学生使用蠕虫、昆虫或真菌等在一个封闭系统中做类似的实验。重要的是,你应当让学生自己设计方案、考虑各种变量并动手实验。注意不要使用经过消毒的土壤,因为那里面的生物都已经被杀灭。你可以使用树叶、水果或蔬菜制作堆肥。土壤中通常都含有大量孢子,能够产生足够的真菌。记住,如果你在罐子里放入蠕虫或昆虫等小动物,应当把罐子透明的部分遮起来,以免光线打扰它们正常工作。在需要观察与记录罐中发生变化的时候,可以把遮挡物拿开。

相关书籍和美国科学教师协会期刊文章

Keeley, P. 2005. *Science curriculum topic study: Bridging the gap between standards and practice*. Thousand Oaks, CA: Corwin Press.

Keeley, P., F. Eberle, and L. Farrin. 2005. *Uncovering student ideas in science, volume 1: 25 formative assessment probes*. Arlington, VA: NSTA Press.

Keeley, P., F. Eberle, and J. Tugel.2007. *Uncovering student ideas in science, volume 2: 25 more formative assessment probes*. Arlington, VA: NSTA Press.

Keeley, P., F. Eberle, and C. Dorsey. 2008. *Uncovering student ideas in science, volume 3: Another 25 formative assessment probes*. Arlington, VA: NSTA Press.

Keeley, P., and J. Tugel. 2009. *Uncovering student ideas in science, volume 4: 25 new formative assessment probes*. Arlington, VA: NSTA Press.

Konicek-Moran, R. 2008. *Everyday science mysteries: Stories for inquiry-based science teaching*. Arlington, VA: NSTA Press.

Konicek-Moran, R. 2010. *Even More Everyday Science Mysteries: Stories for inquiry-based science teaching*. Arlington, VA: NSTA Press.

参考文献

Driver, R., A. Squires, P. Rushworth, and V. Wood-Robinson. 1994. *Making sense of secondary science: Research into children's ideas*. New York: Routledge Falmer.

Keeley, P., F. Eberle, and C. Dorsey. 2008. *Uncovering student ideas in science, volume 3: Another 25 formative assessment probes*. Arlington, VA: NSTA Press.

Leach, J., R. Konicek, and B. Shapiro. 1992. The ideas used by British and North American school children to interpret the phenomenon of decay: A cross-cultural study. Paper presented to the annual Meeting of the American Educational Research Association, San Francisco.

Leach, J., R. Driver, P. Scott, and C. Wood-Robinson. 1992. *Progression in conceptual understanding of ecological concepts by pupils aged 5–16*. Leeds, UK: The University of Leeds, Centre for Studies in Science and Mathematics Education.

Time lapse video of decomposition. *www.metatube.com/en/videos/27174/Fruit-and-Vegetable-Decomposition-Time-lapse/*

Konicek-Moran, R. 2009. Rotten apples. *In More everyday science mysteries: Stories for inquiry-based science teaching*. 61–68. Arlington, VA: NSTA Press.

Konicek-Moran, R. 2009. Worms are for more than bait. *In More everyday science mysteries: Stories for inquiry-based science teaching,* 91–100. Arlington, VA: NSTA Press.

National Research Council (NRC). 1996. *National science education standards.* Washington, DC: National Academy Press.

Sequeira, M., and M. Freitas. 1986. Death and decomposition of living organisms: Children's alternative frameworks. Paper presented at the 11th Conference of the Association for Teacher Education in Europe (ATEE), Toulouse, France.

第七章
月亮在世界各地是什么样子?

阿齐尔和杜拉不久前从中东来到美国“中西部”,非常喜欢新家的夜空。太阳光线消失了,月牙刚刚进入视线,低垂在西边的天际。

“杜拉,我觉得月亮真漂亮。它看起来就像一个弯钩,我喜欢这样的形状。我想知道今晚咱们祖国的月亮是什么样子的?”阿齐尔一脸惊讶地大声说。

“是啊,它看起来真漂亮,我也想知道在南方的澳大利亚月亮会是什么样子。他们说,在‘南下方’①什么东西都跟我们这里相反,前后颠倒、上下颠倒。”她回答说。

“我认为,”阿齐尔说,“他们之所以把那里称为‘南下方’,是因为那里位于赤道以南,老师说,与我们相比,那里的人都是倒立的。我猜他们看什么东西也都是颠倒的。”

“所以,如果我们这里是满月,那么他们那里就是新月,天空中看不到月亮,对吗?”

“那不一定,杜拉,”她哥哥说,“我认为,月亮在世界各地或许都是一样的,但是我真不知道。”

“嗯,虽然咱们的祖国与美国都位于北半球,但是祖国却在遥远的大洋彼岸。两地的月亮怎么可能是同样的形状?”

“世界就一个月亮,不是吗?”

“是的,但是祖国离我们这里太远了,月亮的形状不可能相同!”

“肯定有办法找出真相。”

“我知道!我们可以给祖国的朋友发电子邮件。他们可以回答月亮在东西半球是什么样子的问题,”杜拉说,“但是,月亮在南北半球又会是什么样子呢?”

“让我们找个生活在南半球的人问一问。”

① 南下方(Down Under),指澳大利亚、新西兰等南半球国家。——译者注

目的

很多人由于不了解月球围绕地球公转以及月相变化,对此感到迷惑不解。本故事旨在通过观察地月系统以及查找月球在地球各处表现出不同形状的原因,来直面这些困惑。既然地球包括南北两个半球,孩子们将会看到在南北两半球月相变化正好相反。

相关概念

- 反射
- 地月日关系
- 月相
- 轨道
- 系统

不要惊讶

很多孩子对月相的成因感到迷惑不解,甚至一些成人也是如此。你可以观看电影《私人宇宙》(Schneps,1987)中哈佛大学毕业生以及附近一所中学学生就这个问题给出的答复。根据我的个人经验,在过去 24 年里,这种状况一直没有发生多大改观,你的学生很可能也会就这则故事中的观点展开激烈又有趣的争论。很多学生和成人相信,月相形状的变化是因为地球把自身的阴影投射到了月球上。的确,这一错误观念在一些人头脑中根深蒂固。

内容背景

试想一下,如果月相在世界各地迥然相异,而你需要制作一本日历销往世界各地,日历要印上世界各地每个月的月相图片。那该乱成什么样子? 还好,实际情况并非如此。*除非*你住在南半球,否则,无论你住在哪里,月亮看上去都是一样的。如果你住在遥远的“南下方”,相对于北半球的人而言你是“倒立”的,那么你看到月亮的形状肯定与北半球不同。然而,无论在地球哪个地方,我们只能看到月球被太阳照亮的那部分表面,根据地球与月球在太空的相对位置,我们看到的月球被太阳照亮部分每天都有所不同。这就意味着,如果地球上有些人看到满月,而另一些人看到朔月,这种情形是不可能的。

如果生活在美国的你看到满月,那么你认为生活在南美洲智利的朋友会看到什么?在基利的《了解学生的科学想法》(2005)第一册书中有一篇探究文章“凝望月亮”,该文恰恰提到了这个问题。很多人认为,因为南北半球方向相反,所以月相相反。这是对的,但并不意味着北半球是满月的时候南半球是朔月,而是意味着南北半球都是蛾眉月的时候月牙的方向相反。

考验你空间想象力水平的时刻到了。试想一下,你正在望着处于蛾眉月(月牙)阶段的月亮,现在,你“倒立”望着这时的月相。月牙的弯钩方向正好相反,对吧?你可以试着做做看。如果你不会倒立,那就尽量弯腰直至看到的东西都是上下颠倒为止。

地球自西向东自转,因此,无论你住在北半球哪里,都会看到月亮出现在南方的天空中,从东方升起、在西方落下。然而,如果你住在南半球,则会看到月亮在北方的天空从东向西运动。在一个完整的月相周期(29.5 天)期间,北半球人们望见的月亮发光部分面积从右向左逐渐增加,而南半球人们望见的月亮发光部分面积则是从左向右逐渐增加。

因此,关于峨眉月和残月(亏月)的规则在南北两半球正好相反。在北半球,如果月亮看起来像一个逐渐充盈的字母“C”(逐渐向满月过渡),我们称之为上弦月,而如果月亮看起来像一个逐渐亏缺的字母“D”,我们称之为下弦月。南半球的情形刚好相反。为了更容易理解这方面的知识,我需要寻找一些生动形象的资料,有些网站做得非常好(Barrow,2008)。在赤道附近,月牙在落下的时候看起来像字母“U”或者像笑脸。这是因为月亮的轨道在这里距离地球的轨道很近,所以两者的交角比其在南半球南部或北半球北部的交角小很多。

有些读者读到这里可能变得心不在焉,觉得这些内容对自己的学生而言难度太大。我推荐你们读一读“从全球视角看月亮”(Smith,2003)。这篇文章记录了作者开展的一个项目,该项目把世界各地的学生联系起来,鼓励他们把看到的月相变化以及月相与他们各自在全球的位置和文化传统之间关系拿出来相互交流。我倒是希望我也能参与到这个项目之中,我在想,你完全可以根据文章里提出的意见和建议复制该项目的做法,让你和学生也能感受到该项目带来的乐趣。有人担心孩子相互通信可能会给个人隐私带来问题，不过，该文也谈到了这些问题。不同国家的孩子能够从项目中获得科学知识并增进文化交流，这些好处远远超过了项目可能造成的消极影响。事实上，如果你使用自己喜欢的搜索引擎搜索关键词"当前全球学校科学连接"，就有可能发现一些正在实施的项目会让你和你的学校都感兴趣。

《国家科学教育标准》(国家研究委员会，1996)的相关内容

幼儿园—4 年级：地球和天空中的变化

• 天空中的物体具有自己的运动模式。我们可以观察到月亮形状一天天发生变化，整个变化周期持续时间大约为一个月。

5—8 年级：太阳系中的地球

• 太阳系中大多数天体的运动都有一定规律并且可以预测。它们的运动造成日、月、年、月相以及日食和月食等天文现象。

《科学素养基准》(美国科学发展协会，1993)的相关内容

幼儿园—2 年级：宇宙

• 月亮看上去每天都略有不同，但是每隔四个星期便恢复到原来的样子。

3—5 年级：宇宙

• 地球是围绕太阳公转的几颗行星之一，而月球围绕太阳公转。

6—8 年级：地球

• 月亮围绕地球公转一圈大约需要 28 天，由此使月球表面被太阳照亮的部分以及能够被我们看到的部分每天都在发生变化，这就是月相。

在幼儿园—4 年级中使用这些故事

在低年级学生中使用这个故事时，学生遇到问题最多的方面是关于月相变化。空间想象能力正处于发展期的孩子们很难想象南半球人们“倒立”会是什么样子。《日常科学之谜》一书中有个故事“月亮的把戏”，该故事讲述一个小男孩在搬到新家第一天晚上透过卧室窗户看到了满月，第二天晚上却失望地发现满月不见了，而在一周之后的凌晨又看见月亮出现在窗户那里，但是形状与满月不同。我们这则故事继续引导学生们在一段时期内观察月亮，让他们亲眼看看月相在天空中发生变化的模式。《日常科学之谜》一书提供了详细的指导建议，帮助学生如何坚持撰写观察日志以及如何利用这些资料建构地月系统模型。

即使你手头没有这本书，也可以跟学生家长共同协商，请他们帮助孩子每天在固定时间对月亮的方向、形状以及距离地平线的高度进行观察。这样，学生可以把撰写的观察日志作为第一手资料拿到课堂上分析与讨论。根据我们的经验，孩子们平时一般不会注意到月球的这些变化，但是通过定期观察并把观察结果记录下来，他们将会受益匪浅。

在 5—8 年级中使用这个故事

如果高年级学生不懂每个月月相发生周期变化的原因，我建议你可以参考上述关于如何在幼儿园—4 年级使用故事和背景材料的建议。你的学生首先应当了解造成月相变化的天体运行机制，然后才能想象出来世界其他地方人们看到月相变化会是什么样子，这一点很重要。

你可以找一间暗室，距离地面两米高的地方安装一个白炽灯泡当作太阳，让学生两人一组进行表演。一名学生手拿棒棒糖一样的泡沫塑料球扮演月亮，围绕着另一名扮演地球的学生缓慢转动，扮演地球的学生注意观察月亮发生什么变化。地球自转一圈(扮演地球的学生把自己的身体缓慢转动一圈，回到原来的位置)的同时，月亮围绕地球沿着相同方向公转，这样，扮演地球的学生就能看到月亮在一个月(29 天)经历的月相变化。两人可以互换角色，重新表演一遍。

一旦学生看明白月相的形成原因，他们就应该能够重复做这个实验，然后，他们通过弯腰(近似于倒立的动作)观察可以看到月亮的形状是颠倒的。有些学生可能需要尝试多次之后才能看到颠倒的月相。你可以让扮演地球的学生改变自身位置,他们由此将会发现,为了能够看到颠倒的月相,他们必须站在南半球比较靠南的地方。这时,你还可以问一问学生,如果两位观察者同处一个半球(北半球或南半球),那么他们看到的月相是否不同。

学生应该注意到,无论观察者站在地球什么位置,他们看到月亮的发光区域都是一样的,然而,观察者何时能够看到月亮取决于地球的自转情况。无论在法国、亚洲或者地球其他地方,只有地球自转到一定程度,观察者才能看到月亮,当然,由于地球自西向东自转,一个人的位置越是偏西方,他看见月亮的时间就会越迟。然而,无论在地球哪个半球,人们看到的月球发光表面形状都是一样的(即月牙、上弦月、满月、下弦月、残月和朔月)。因此,故事里的主人公阿齐尔和杜拉可以肯定,家乡朋友看到的月亮形状跟他们看到的完全相同,只是时间上比他们早一些。如果他们向家、向朋友打电话询问,就会发现家乡的月亮升起时间比美国早 7 个小时左右。

因此,实质上,如果观察者身处同一半球,那么他们看到的月亮虽然在时间上有早有晚,但是形状基本上是一样的。如果观察者身处不同的半球,那么他们看到的月亮形状则不相同,南半球与北半球看到月亮的形状在方向上相差 180 度。

相关书籍和美国科学教师协会期刊文章

Gilbert, S. W., and S. W. Ireton. 2003. *Understanding models in earth and space science*. Arlington, VA: NSTA Press.

Keeley, P., and J. Tugel. 2009. *Uncovering student ideas in science, volume 4: 25 new formative assessment probes*. Arlington, VA: NSTA Press.

Konicek-Moran, R. 2009. *More everyday science mysteries: Stories for inquiry-based science teaching*. Arlington, VA: NSTA Press.

Oates-Brockenstedt, C., and M. Oates. 2008. *Earth science success: 50 lesson plans for grades 6–9.* Arlington, VA: NSTA Press.

参考文献

American Association for the Advancement of Science (AAAS).1993. *Benchmarks for science literacy*. New York: Oxford University Press.

Barrow, M. 2008. The phases of the moon. Woodlands Junior School, Kent. UK. *www.woodlands-junior.kent.sch.uk/time/moon/phases.html*

Keeley, P., F. Eberle, and L. Farrin. 2005. Gazing at the moon. In *Uncovering student ideas in science, volume 1: 25 formative assessment probes*, 177–181. Arlington, VA: NSTA Press.

Konicek-Moran, R. 2008. *Everyday science mysteries: Stories for inquiry-based science teaching*. Arlington, VA: NSTA Press.

National Research Council (NRC). 1996. *National science education standards*. Washington, DC: National Academy Press.

Schneps, M. 1986. *The Private Universe Project*. Harvard Smithsonian Center for Astrophysics.

Smith, W. 2003. Meeting the moon from a global perspective. *Science Scope* 36 (8): 24–28.

第八章
日出，日落

“如果你们在丛林里迷了路，早晨的晴空万里无云，在没有指南针的情况下你们怎么分辨方向？”在爱达荷州北部一队童子军的每周例会上，团长问道。

“苔藓只生长在树木的北侧,”一名团员回答。

“真的一直都是这样吗?”童子军团长追问道。

12个忸怩不安的男孩子默不作声,似乎有些怀疑。

“那是我听别人说的,”那名团员有些犹豫。

“那么,要是你看到很多树木,并不是所有苔藓都长在北侧,你该怎么办?”

沉默。

“太阳呢?”团长提示道。

沉默。

“我说,你们都知道太阳每天早上从哪里升起,对吧?”

沉默。

然后,从教室后排传来一句带着疑问的微弱回答:“太阳总是从东方升起?”

“那么太阳从哪里落下呢?”

“我想……是从西方,”一个新来的童子军说,他正在上一年级。

“对!”团长说。“因此,如果你看见太阳升起或落下,就能辨别哪里是东方或西方。这就意味着,本周末我们去露营的时候,可以尝试不利用指南针而是利用太阳找到出行路线。”

到了周末。男孩子们都出去露营,他们搭建帐篷,为第二天上午远足做好准备。这是6月一个清新爽朗的清晨,天空没有一丝云彩,太阳带着美丽的金色光芒从地平线冉冉升起。

“孩子们,你们瞧,那边是什么方向?”团长问道。

“东方?”孩子们齐声反问。

“是的!现在让我们用指南针核实一下,这样你们就知道判断是对的。”

孩子们纷纷从口袋或背包把指南针拿出来,看到那些指针不停地转来转去,最后终于停了下来。孩子们议论纷纷。

“哎呀,”一个男孩说,“在我看来,太阳好像在东偏北的位置。”

“让我瞧瞧你是怎么用指南针的,”团长说道,把自己的指南针放在他的旁边,抬头看了看太阳升起的方向。他皱了皱眉。“一定是我们的指南针坏了。”

噢,不,每一名团员的指南针都显示出相同的结果。太阳升起的方向确实是东偏北,而不是正东方向。

“算啦,至少我们知道今晚太阳会从西方落下。甚至各种篝火歌曲都是这样唱的。”

夜幕降临，太阳沉到地平线以下，孩子们有点信不过团长说过的话，纷纷拿出指南针来核实一下。结果，他们又发现了一个新谜团，为了解开这个谜团他们需要花费很多时间用心观察。

目的

天文学规则并不总是正确的,尤其是它们使用“总是”这个字眼的时候。学生应当明白,除非他们住在赤道或距离赤道很近,否则,他们那里每年只有两天时间太阳从正东方向升起,即春分点和秋分点。这则故事的另一个目的是,帮助学生理解在不同季节对太阳进行测量时纬度发挥重要作用。

相关概念

- 二分点
- 二至点
- 纬度
- 地轴倾斜

不要惊讶

你的学生可能听说过太阳总是从东方升起、在西方落下。除非他们有机会把当地日升日落的情况绘制出来,否则他们可能根本不会意识到地轴倾斜对太阳方位造成什么影响。他们可能不知道,与生活在赤道附近的人们相比,北半球高纬度地区以及南半球低纬度地区的人们看到太阳运行的路径大相径庭。最后,你的学生可能也不知道,地球的磁北方与“真正的”北方是两个不同概念。

内容背景

正是由于地轴倾斜,导致太阳等天体在天空中似乎是围绕地球移动,由此产生很多令我们迷惑不解的现象。地球在围绕太阳公转时其本身方向并非垂直的,而是与公转轨道形成 23.5 度夹角,并且在公转过程中始终保持这种倾斜角度,每 365 天或更长时间公转一圈即一太阳年。(为了更形象了解地轴倾斜,你可以看一看地球仪,其倾斜方向稍微偏向左侧。)正是地轴倾斜导致四季更替,而很多人似乎依然认为,地球在夏天比冬天距离太阳更近,这才是四季更替的原因。如果你想了解关于这个错误认识的更多内容,可以在电脑上观看安能伯格频道(Annenberg

Channel)的视频节目《私人宇宙》。这部精彩视频将会让你看到哈佛大学 1987 届毕业生(甚至包括一些老师)在解释季节更替原因时遇到的麻烦(Schneps,1987)。

在北半球,冬季我们实际上距离太阳更近,然而,由于地轴倾斜造成南半球跟太阳光线处于垂直状态,更多“直射”光线照射到南半球。直射光线比间接照射光线提供更多辐射能,所以那些被阳光直射的地方天气比较炎热。因此,当美国人和加拿大人过冬的时候,阿根廷人正在度夏。

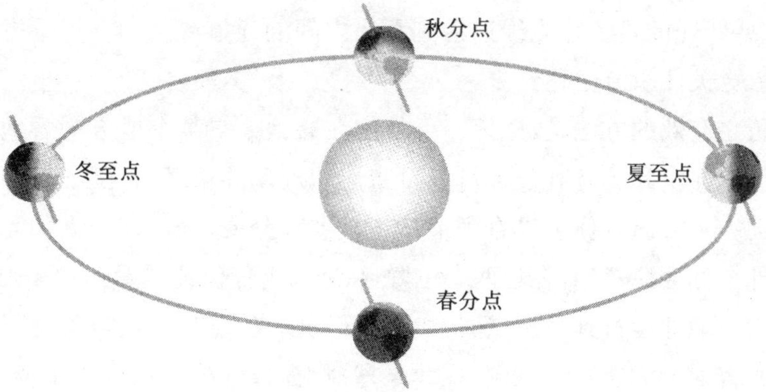

图 8.1　二分点和二至点

不过,这则故事探讨的是日升日落以及我们从这一习以为常的现象中能发现什么。童子军团长(以及我们很多人)没有注意到太阳等天体运动路径每天都在变化。一个真正有心的观察者即使没有刻意去观察,也能留意到某种现象正在发生什么细微变化。大多数人每天从很多自然现象旁边走过,却根本没有在意它们。我们的注意力往往集中于手头的事情。很多事情就在我们眼皮底下发生,我们却熟视无睹,因为我们并不善于观察,一个典型例子就是每天或每晚都从空中经过的太阳和月亮。

如果地轴没有倾斜,一年中每一天都应当是昼夜平分:白昼时间与黑夜时间相等。“二分点”的意思就是“每晚时间相等”。白天(有阳光照射的时间)和黑夜(没有阳光照射的时间)是由地球绕轴“自转”引起的。然而,由于地球每年围绕太阳公转时地轴是倾斜的,所以北半球的春分点标志着春季开始,白昼时长开始增加,黑夜时长开始减少。北半球的陆地和海洋接收太阳直射光线的时间越来越长,因此变得越来越热。太阳每天在空中的“路径”经过时位置似乎越来越高,地平线上标志太阳“升起”的地点逐渐向北偏移。随着夏至日益临近,每天太阳逗留在地平线以上的时间越来越长。

大约在北半球6月21日,北半球受到太阳光线直射最强,太阳位于地平线以上的时间为一年中最长,我们便迎来了夏至日,也就是夏季的第一天。在一些古代文化中,这一天被称为“仲夏节”,具有特殊的重要性。一些古代文化利用碑石等纪念这一天以及冬至、春分和秋分日,例如英国的巨石阵、中南美洲印加帝国以及美国新墨西哥州查科峡谷的文化遗址等。古人利用石头记录日出后太阳光线的运动路径,在一些特殊的日子让光线照射到石头之间的通道或从中穿过。古人似乎比我们当代人更关注季节变化。

一个行之有效的方法是,试想一下你正在遥远太空某个地方观看地球这边的天体盛会。从你所处的有利位置可以目睹地球运动的路径,它围绕太阳公转时地轴始终指向一个方向。你可以看到地球运行到春分或秋分点时,太阳光线正好照亮半个地球。你会注意到,在这两个位置,从地球上任何地点看到的太阳都是从正东方向升起。地球运行到夏至点时北半球受到阳光直射,而运行到冬至点时南半球受到阳光直射。你还会注意到,在北半球夏至时,日出地点位于东偏北的方向,而且太阳在天空南部运行的轨迹最长;相反,在南半球夏至时,日出地点位于东偏南的方向,而且太阳在天空北部运行的轨迹最长。如果你还想象不出这种情形究竟是什么样子,可以上网查找动画演示。

我们的童子军能够分辨日出点的方向是正东还是东偏北,尤其是在地处北纬的爱达荷州。如果他们一路北上来到北极圈附近,就会发现两个方向差异更大。如果他们到了北极圈以北,就会发现太阳一整天都不会落下,而只是在地平线以上较低的位置运动,这是因为太阳光线直射北半球。顺便说一下,团长可以找个机会解释说自己在总结日出规律时犯了一概而论的错误,然后勇于承认错误,然而我们都知道这样做有多难!

我还想说一说磁北与“正北”的区别:磁北是指南针指示的北方,而正北是指在地图上你所处位置到北极点的方向。在南半球,也就是磁南与正南的区别。地球这块巨大磁铁的磁极至今已经偏移了1 200英里,指南针指示的方向不是地图上的正南、正北。因此,如果你对某个地方感兴趣,就应当从当地运动器材店或美国地质调查局(或者该机构网站)获取该地的地形图。地形图不仅会画出等高线,而且会标出磁偏角。磁偏角是指指南针指示的南北方向与地球真正南北方向之间的夹角，你可以在指南针读数的基础上加上或减去某个数字得出实际方向。例如，你可能会发现自己所在位置磁偏角为－10或W10，这意味着磁北是偏西10度，那么你应当在指南针读数基础上加上10度，才能找到正北方向。如果磁偏角为＋10度或E10（偏东10度），那么你应当在指南针读数基础上减去10度，才能找到正北方向。

事实上，童子军们要想使用指南针找到正东方向还是必须首先查阅地图。问题在于，日出点确实位于东偏北方向，即使不考虑磁偏角也能明显看出来。

还有一点可能出乎意料。我不知道你们中有多少人意识到地球所谓的北极其实是南磁极。北极之所以被命名为北极，只不过是因为它位于北半球。指南针的指针标志着磁铁的北极，按理说应该被另一个北极排斥，然而，指针之所以指向北方，是因为北磁极实际上是地球磁场的南极。当然，这并不妨碍我们辨别方向，如果我们向北走，还是朝北极方向走去，反之亦然。我们依然可以说，在北半球，随着日子一天天从春分过渡到夏至，太阳升起的地点也逐渐向东北方向偏移。别忘了那些生活在南半球的人，我们认为他们总是“倒立”的，而实际上他们看任何东西都跟我们相差180度。

《国家科学教育标准》（国家研究委员会，1996）的相关内容

幼儿园—4年级：地球和天空中的变化

• 天空中的物体具有自己的运动模式。我们可以观察到月亮形状一天天发生变化，整个变化周期持续时间大约为一个月。

5—8年级：太阳系中的地球

• 太阳系中大多数天体的运动都有一定规律并且可以预测。它们的运动造成日、月、年、月相以及日食和月食等天文现象。

《科学素养基准》（美国科学发展协会，1993）的相关内容

幼儿园—2年级：宇宙

• 月亮看上去每天都略有不同，但是每隔四个星期便恢复到原来的样子。

6—8 年级:地球

• 月亮围绕地球公转一圈大约需要 28 天,由此使月球表面被太阳照亮的部分以及能够被我们看到的部分每天都在发生变化,这就是月相。

在幼儿园—4 年级中使用这个故事

本故事中关于太阳与地球关系的内容对低幼儿童而言可能太过复杂。不过,哪怕最年幼的孩子也可能会因此对太阳运行轨迹感到好奇,你也可以借此机会让他们做一些科学观察与记录。如果你读过本书"绪论"部分,就会看到一位二年级老师如何运用另一则故事"橡子去了哪里?"引导学生花费一学年时间学习掌握太阳阴影的变化模式。那位老师所使用的一些技术同样适用于这则故事,因为两则故事涉及的很多概念是相似的。如果你能找到一本《日常科学之谜》,该书"橡子去了哪里?"一章给你提供了大量关于如何在低年级学生中使用这个故事的信息。我还建议你购买一本今年新出的《老农年鉴》。该书价廉物美,只需对书中刊载的各种天文事件图表稍作调整即可适合你当地的情况。书中包含了日出、日落、月出、月落、日食、月食及白昼时长等精确时间表,以及其他许多用于天文教学的实用资料。

对低年级学生而言,了解太阳以可预测方式运动的第一步是,观察物体的阴影及其方向和形状如何发生变化。你可以让孩子们把铅笔垂直放在课桌上,用黏土把铅笔固定住。给每一组孩子发一个手电筒,然后把教室里的灯光调暗。让他们用手电筒和铅笔做实验,观察光源移动时铅笔投射的阴影会发生什么变化。你可以让他们做如下实验:

• 让阴影朝你的左手方向移动。
• 让阴影朝你的右手方向移动。
• 让阴影变得更长。
• 让阴影变得越来越短,直至消失。

让学生记录或绘制每一种情况下光源的位置。然后让他们就自己所学到的阴影知识列一个清单。把这些内容粘贴在绘图纸上，如果学生就某些问题存在分歧，让他们通过实验加以解决。

此时，孩子们一般都已经跃跃欲试，准备到室外观察自己的影子在一天中不同时间发生什么变化。他们也可以玩“踩影子”游戏——追逐他人使两人的影子不分离。所有这些活动都会使他们对阴影如何形成以及如何变化更加熟悉。

下一步可以让学生观察太阳形成的阴影。你可以让学生把一根棍子插在水平地面上，使棍子与地面保持垂直状态，这就是所谓的日晷（图 8.2）。“晷针”这个词来源于古希腊，意为指示器，也就是日晷投射阴影的部分。一旦学生看到太阳这个光源，就可以利用太阳做上述阴影运动和长度变化的实验。两者最大的区别在于，他们不能像控制手电筒那样控制太阳，而是必须等待太阳通过自身移动改变阴影。这就意味着他们需要在纸上记录阴影的位置和长度。最简单的办法是，制作日晷时把晷针插在一张纸的中央，用石头或牙签把纸的边缘固定住。可以让孩子们每隔一段时间把当时的阴影轮廓描摹下来，以此记录阴影的长度和方向变化。

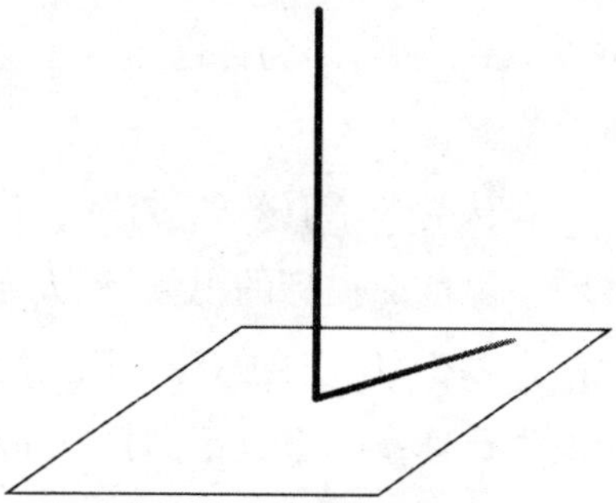

图 8.2　日晷

随着孩子习惯使用这一装置，年龄大一些的孩子们或许会发现，北半球三月春分以后，与当月每天同一时间相比，早晨的阴影会逐渐向南偏移。这一结果可以被解读为太阳在天空的方位逐渐向北偏移，因此反方向的阴影在纸上就会向南偏移。当然，在南半球情况刚好相反。

他们可能还会发现，随着夏季月份日益临近，白天阴影变得越来越短，这就意味着太阳在天空的方位变得越来越高。如果你碰巧在佛罗里达州南部的基韦斯特岛（Key West）教书，那么你所处的纬度仅比北回归线（北纬 23.5°）多一度，6 月 21 日（夏至）中午时分，太阳几乎就位于你头顶的正上方，然而，这是太阳在北半球能够直射的最北边缘。换句话说，地球任何地方一到中午太阳都会位于头顶正上方的传言是假的。

季节更替的原因最好留待中学阶段再让学生研究，我们将在下一节继续探讨这个建议。

在 5—8 年级中使用这个故事

根据我在 5—8 年级的教学经验,有些学生(但非所有学生)能够利用必要的空间关系知识理解季节更替以及月相变化等现象背后的原因。我相信你完全值得尝试一下,不过,如果学生直到后来在其他班级才“学会”,你也用不着惊讶。你完全可以感到宽慰,因为你已经尽了力,你的努力为学生将来最终领悟这方面知识打下了坚实基础。

我认为一个有效的做法是,你在准备与学生共同进行调查研究之前,最好亲自观看一下前面提到的视频《私人宇宙》(1987)。你会看到那些学生并不比你的学生年龄大多少,他们在解释太阳、月亮和地球关系时窘态百出。你会注意到其中有一个女生迅速拿来道具帮助自己了解三个天体之间如何相互作用。虽然不是所有学生都属于触觉型学习者,但是鼓励他们自己动手利用实物建造模型,能够形象生动地展示季节、月相、月食以及日食等形成的原因。尽管这不是本故事的主要目的,但是如果学生能够因此对“太阳光线每年自身如何发生变化以及对地球造成什么影响”等知识有所了解,也算是一大收获。

如果你想向学生介绍定向运动——利用地图和指南针找到指定的地点,那么你就需要教会他们使用指南针的技巧,还要让他们懂得前面提到的磁偏角问题。有时候,定向运动是激发学生积极探索地球这个巨大磁体奥秘的绝好方法,因为它与我们的生活息息相关。

到了中学阶段,学生应该能够给童子军露营的故事续写合理的结尾,也能够明白团长的结论与指南针显示的结果为什么不一致。他们可能想等到春分时再做观察,验证一下太阳升起的地点是否位于正东方向。毕竟,亲自验证各种模式也是科学研究的重要组成部分。还有重要一点需要指出,这个露营故事发生在 6 月份(早已过了夏至)。

相关书籍和美国科学教师协会期刊文章

Keeley, P, 2005. *Science curriculum topic study: Bridging the gap between standards and practice.* Thousand Oaks, CA: Corwin Press.

Keeley, P., F. Eberle, and L. Farrin. 2005. *Uncovering student ideas in science, volume 1: 25 formative assessment probes*. Arlington, VA: NSTA Press.

Keeley, P., F. Eberle, and J. Tugel.2007. *Uncovering student ideas in science, volume 2: 25 more formative assessment probes*. Arlington, VA: NSTA Press.

Keeley, P., F. Eberle, and C. Dorsey. 2008. *Uncovering student ideas in science, volume 3: Another 25 formative assessment probes*. Arlington, VA: NSTA Press.

Keeley, P., and J. Tugel. 2009. *Uncovering student ideas in science, volume 4: 25 new formative assessment probes*. Arlington, VA: NSTA Press.

Konicek-Moran, R. 2009. *More everyday science mysteries: Stories for inquiry-based science teaching*. Arlington, VA: NSTA Press.

Konicek-Moran, R. 2010. *Even More Everyday Science Mysteries: Stories for inquiry-based science teaching*. Arlington, VA: NSTA Press.

参考文献

American Association for the Advancement of Science (AAAS).1993. *Benchmarks for science literacy*. New York: Oxford University Press.

Driver, R., A. Squires, P. Rushworth, and V. Wood-Robinson. 1994. *Making sense of secondary science: Research into children's ideas.* London and New York: Routledge Falmer.

Gilbert, S. W., and S. W. Ireton. 2003. *Understanding models in earth and space science*. Arlington, VA: NSTA Press.

Keeley, P., and J. Tugel. 2009. *Uncovering student ideas in science, volume 4: 25 new formative assessment probes*. Arlington, VA: NSTA Press.

Konicek-Moran, R. 2008. Where are the acorns? In *Everyday science mysteries: Stories for inquiry-based science teaching*, 39–50. Arlington, VA: NSTA Press.

Konicek-Moran, R. 2009. *More everyday science mysteries: Stories for inquiry-based science teaching*. Arlington, VA: NSTA Press.

National Research Council (NRC). 1996. *National science education standards*. Washington, DC: National Academy Press.

Oates-Brockenstedt, C., and M. Oates. 2008. Earth science success: 50 lesson plans for grades 6–9. Arlington, VA: NSTA Press.
Schneps, M. 1986. *The Private Universe Project*. Harvard Smithsonian Center for Astrophysics.
United States Geologicical Survey. *www.usgs.gov*
Yankee Publishing. *The old farmer's almanac*, published yearly since 1792. Dublin NH: Yankee Publishing.

生物学

核心概念	观察地衣	烘焙面包	温室里的春天	反应时间	密封罐里的秧苗
真菌	×	×			
水藻	×				
共生	×				
孢子	×	×			
繁殖	×	×	×		×
生命周期	×	×	×		×
酵母		×			
代谢	×	×	×		×
化学变化	×	×	×		×
物理变化	×	×	×		×
营养	×	×	×		×
发芽			×		×
光合作用	×		×		×
神经系统				×	
反应时间				×	
刺激				×	
反应				×	
平均值					
系统	×	×	×	×	×
开放系统	×	×	×		
封闭系统					×
大气	×	×	×		×
实验设计	×	×	×	×	×

第九章
观察地衣

一天早上，里克和珍妮(Jennie)正在树林里散步。突然，珍妮停了下来，说:“里克，快来看这棵树，它的树皮是白色的！除了桦树，我真不知道还有什么树树皮会是雪白的。但这并不是一棵桦树!”

里克凑上前去仔细看了一下:“哇哦！你说得对，这的确是一棵不平常的树。”

你知道，里克和珍妮每次到林中漫步总是不忘带上放大镜，所以他们决定仔细观察这棵覆盖着白色树皮的陌生的树。

“它看上去像是一块白色的大伤疤，”里克说，“而且完全把树干遮住了。”

“如果你仔细观察，你会发现上面有一些小疙瘩和一些黑色的线条，它们看起来像是从表面突起来的!”珍妮一边透过放大镜仔细观察，一边说，“我想，我们是否可以把它剥下来，然后带一些回家，在强光下看得更清楚。”

“让我们试试吧，”里克说，“嗨，伙计，这些东西紧紧粘在树皮上，除非我们连树皮一起拿掉，否则取不下来。”

“好吧，如果我们仅仅只是取走一小块树皮的话，应该不会伤害到这棵树。”珍妮说。就这样，他们取下了一小块。

不过散步并没有结束，他们接下来又发现其他树上也长满了各种各样有趣的东西，而且各具特色！一些看上去像是小花，但全身都是绿色的；有一些看上去像是植物，却浑身长满了鳞片。很多东西都跟他们在第一棵树上看到的白色东西相像，但颜色却是红色、粉色或黄色等。一旦他们开始留意这些东西，才发现森林里到处都有它们的身影，有的长在叶子上，有的长在岩石上，有的甚至长在平地上！两人取下很多作为样本，他们发现，有些绿色的东西生长在树皮较少或没有树皮的地方，比较容易从树上取下来。而有些生长在岩石上的不容易取下来，长在叶子上的也很难取下来。回到家的时候，他们发现柴房的门上也生长着一些这样的东西。现在，他们看到这些东西几乎无处不在。

“我在想，为什么我们之前没有注意到呢?”里克问，“既然现在我们注意到了，就发现似乎哪个地方都能见到它们的身影。快看呐，甚至房前台阶的栏杆这儿也有。我想知道它们是到底什么。”

珍妮和里克认识当地自然教育中心的一位生物学家丽贝卡，于是跑去向她咨询。丽贝卡看了看他们的样品后脱口而出:“这些是地衣。”

“敌——意?”里克说，“这个名字真有趣，不过，我们很喜欢。”

“不，”丽贝卡说，“是地衣，‘大地披的衣服’。它们很特别，是由两种不同的生物组成。在某种意义上，它们生活在一起，相依为命。”

“我们怎样才能找到更多的地衣呢?”两位小科学家异口同声地问。

“嗯，我可以给你们一些帮助，但我认为，你们只要把它们放在显微镜下或者放大镜下仔细观察，就能学到很多东西。你们可以继续收集地衣，把它们画出来也不失为一个好办法。”

目的

地衣无处不在,然而大多数人却根本没有留意,甚至对它们熟视无睹。这个故事旨在规劝老师帮助学生了解这些独特的生命形式。尽管地衣在几乎所有环境中普遍存在,包括城市中心,很多生物老师(包括我在内)都对地衣以及其他一些简单植物的研究敷衍塞责。我希望这个故事能帮助更多学生去欣赏地衣,培养对地衣的兴趣。

相关概念

- 真菌
- 藻类
- 共生关系
- 孢子
- 繁殖
- 生命周期

不要惊讶

即使你的学生从来没有注意到地衣的存在,也对其不感兴趣,你也用不着惊讶。尽管有些地衣样子很好看、颜色很艳丽,但它们通常并不显得浮华。你的学生可能没有意识到真菌与藻类之间存在关系。高年级学生可能会知道,一些植物或动物以某种相互依存的关系生活在一起(共生),比如白蚁内脏中的细菌和原生动物。但是地衣中的真菌和藻类关系非常独特,值得我们去研究。

内容背景

地衣是由真菌以及另一种能够通过光合作用生产食物的生物构成。这另一种生物可能是绿藻或蓝细菌(蓝绿藻),也可能两者兼有。当两种生物之间存在相互依存的关系时,被称为"共生",而这两个相依为命的生物体被称为"共生体"。在地衣中,真菌被称为共生菌,而藻类被称为共生藻。地衣是以其中的真菌命名的,因为藻类隐藏在原植体(真菌的身体)内,所以我们很难对其进行观察或分类。直到

1867年，才有人想到地衣可能是共生生物，在此之前，从未有人想到过两种生物有可能生活在一起。而直到1939年，地衣的真实属性才被查明，后来被科学界所接受。建议你阅读一本妙趣横生的图书《北美地衣》(*Lichen of North America*, Brodo, Sharnoff and sharnoff, 2001)。

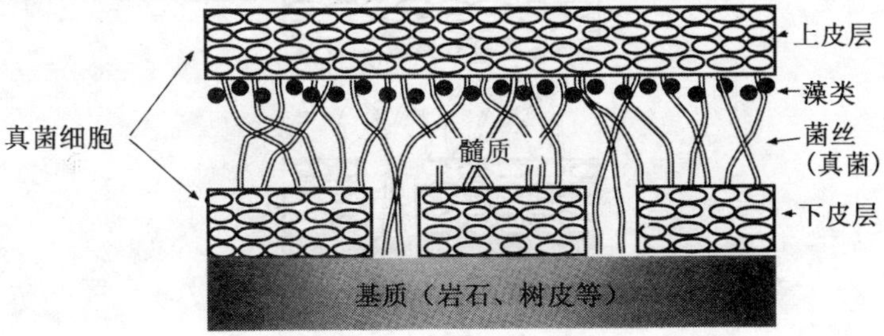

地衣结构图

真菌和两种藻类都不是植物界的成员，它们各自有自己的界：真菌属于真菌界，蓝细菌属于原核生物界，而绿藻属于原生生物界。原核生物为单细胞生物，其细胞核周围没有细胞膜。原生生物界几乎囊括了所有不属于其他界[①]的生物，既有很小的原生动物，也有长达30米的海带。我们可以看出，科学家对生物分类有些武断，因为历史上不同科学家在对生物进行分类时采取的标准不同，所以分类系统会有所不同。

地衣中的藻类为真菌提供了糖分，真菌则保护藻类不受紫外线侵害，并保护它们不被某些猎食者伤害或杀害。这些藻类生活在两到三层的真菌中间，就像花生酱果冻三明治一样，用这个比喻来描述地衣的形态非常形象。上面一层“面包”与真菌层的上皮层对应，密实的真菌细胞就像皮肤一样。这一层下面是“果冻”，这是一种被称为“菌丝”的真菌丝，藻类嵌生于其中。这些菌丝会长出很多小管子，进入藻类体内以提取藻类通过光合作用产生的糖分。再下面是“花生酱”，相当于髓质，虽然这一层真菌不像最上面一层那样密实，但是地衣的很多生物功能都源自于此处。在大多数（但不是全部）地衣中，再下面是底层的“面包”，也是一层具有保护作用的密实真菌层，被称为下皮层。这一层通常包含一些能够帮助地衣附着到宿主

① 不同学者对生物分类方法不同，比较流行的是五界分类系统，分别为原核生物界、原生生物界、植物界、真菌界和动物界。——译者注

身上的结构。大多数真菌只与某一种藻类共生,但是藻类并不那么“检点”,可能会与几种不同的真菌生活在一起。

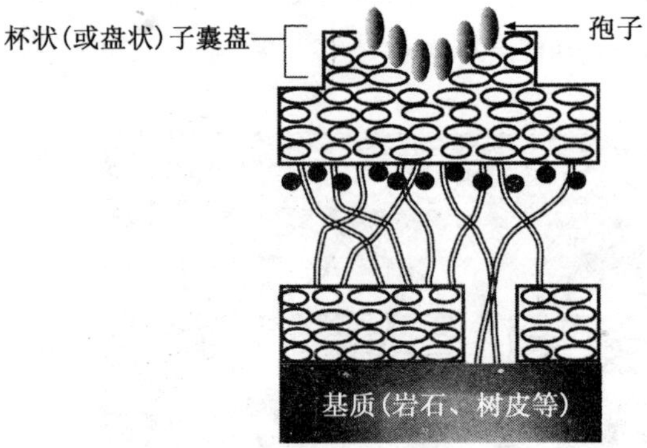

地衣孢子结构图

当地衣跟藻类“结婚”时,就会出现一种被称为“形态发生”的现象,即,地衣中的两种生物都跟它们在单独生活的情况下各不相同。还有,两种生物在自然状态下也不能单独存活,只有在实验室里才能被分离开来,即便如此,分离后的两种生物也都没有固定形状,而且非常脆弱。因此,每一个地衣个体都是独一无二的,正如前面所言,都是根据其中的真菌而命名的。

我们在上学的时候都听老师说过地衣是互利共生的典型代表,然而,最近的研究表明,在几乎所有地衣物种中,存在共生关系的双方地位都是不平等的(Brodo, Sharnoff and sharnoff,2001)。互利共生是指,两个或多个生物生活在一起,它们之间的相互作用对各方都有好处。你和学生可能立刻就会想到蜜蜂和花朵的例子。花朵为蜜蜂提供花蜜,而蜜蜂将花粉从一朵花传播到另一朵花。另一个互利共生的例子是生活在白蚁内脏中的原生动物。白蚁为原生动物提供食物和保护,而原生动物帮助白蚁消化摄入的纤维素(木制品)。地衣中两种生物的伙伴关系分为好几种,既有真菌对藻类略有损害的寄生关系,也有前者给后者造成毁灭的关系。有些真菌会随着时间推移杀死它们的搭档,但是,能够进行光合作用的藻类繁殖速度很快,足以抵消真菌的侵害。地衣学家特雷弗·高尔德(Trevor Goward)把地衣描述为“发现如何从事农业生产”的真菌(Brodo, Sharnoff and Sharnoff,2001)。

在地衣中,共生藻可以进行有性繁殖,也可以进行无性繁殖(大多数为无性繁

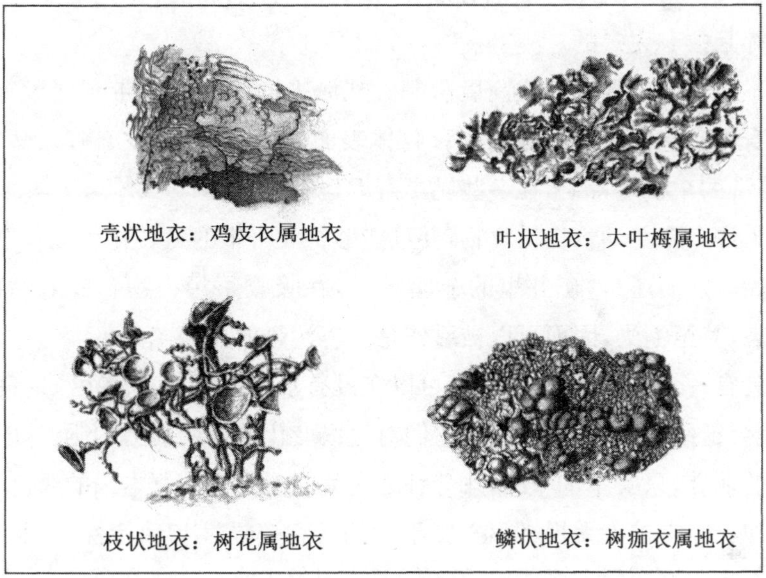

（感谢里克·西维和琼·西维夫妇提供原始参考照片）

殖）。共生菌通过孢子进行繁殖，而孢子同样也有有性繁殖和无性繁殖两种形式。风媒孢子在通过无性繁殖产生的时候，通常会携带一些共生藻；而通过有性繁殖产生的孢子必须找到合适的藻类，两者结合起来才能够生存下去。如果你仔细观察，就可以发现地衣表面布满杯状子囊盘或盘状子囊盘（狭长、阴暗的山脊状物质），这两种结构都含有孢子，通常被用来鉴定地衣的种类。地衣还可以进行营养繁殖：原植体分裂成碎片，被风吹到另一个地方。这样，藻类和真菌依然在一起。

地衣有多种形态和颜色。壳状地衣看起来就像是黏附在树皮、叶子或岩石上。里克和珍妮在树上发现的地衣很可能就是这个样子。如果不连基质（如树皮）一起取下，我们不可能获得完整的地衣。我们只能看见原植体的表层。叶状地衣与基质的黏附程度差一些，因此我们能够看见原植体的表层和里层。鳞状地衣显示原植体有很多部分交叠在一起。枝状地衣最引人注目，它们从基质表面突出很高，看上去就像苔藓、灌木或藤本植物。枝状地衣中算是最有名却被命错名的是“驯鹿苔藓”，它其实也是一种地衣（石蕊）。

地衣的种类很难区分，科学家使用的方法是对地衣产生的化学物质进行分析。他们通过各种化学测试，并通过层析法利用溶剂把各种化学物质分离在纸上或凝胶上，从而把这些化学物质（被称为代谢物）辨认出来。辨认地衣的另一种方法是，这些化学物质在紫外线照射下也会发光,而每一种地衣在紫外光下照射都会发出光的颜色都是独一无二的。

地衣不受气候条件或海拔高度限制。从海平面、山顶、热带到两极等,到处都有它们的身影。它们可以在任何一种物体表面生长,包括树皮、树叶、塑料、岩石、土壤、未清洗的车辆等,甚至在一些昆虫身上也有。

地衣为许多食草动物提供食物,并且能够将大气中的氮转化为氮化合物,供其他生物使用。它们还是"矿井里的金丝雀"①,在吸收了污染物和放射性物质以后会显出病态,甚至消失,因而可以被看作是环境污染的预警工具。

地衣具有一个有趣的特点,它们可以在没有水的情况下存活很长时间,一旦遇到水分,就会迅速活跃起来。因此,它们对气候变化的适应能力很强。如果你发现样子干枯的地衣,只要用水一浇,几分钟之内就能看到它恢复本来的颜色。

尽管地衣经常被人无视,但是,鉴于它们具有多样性和独特性,以及它们对这个世界生态系统发挥的重要作用,我们应当花大力气对其进行研究。

《国家科学教育标准》(国家研究委员会,1996)的相关内容

幼儿园—4 年级:生物的特征

• 生物都有基本需求。

• 生物只有在其需求可以得到满足的环境下才能生存。世界上有许多不同的环境,不同环境养活的生物类型各不相同。

幼儿园—4 年级:生物的生命周期

• 生物的很多特征都是从父母那里继承而来的,但是,有些特征是该生物与环境互动的结果。

幼儿园—4 年级:生物和环境

• 一个生物的行为模式与它所处的环境有关,其中包括生存在该环境中其他生物的种类和数量、食物和资源的多寡以及环境本身的特征等。

① 金丝雀对瓦斯等有毒气体十分敏感,17 世纪,英国人把金丝雀放入矿井检测空气质量。——译者注

• 一切生物都会给它所处的环境造成变化。其中一些变化对该生物本身或其他生物有害，而有些变化则有益。

5—8 年级：生物系统的结构和功能

• 处于不同层次的各个生物系统在结构和功能上具有互补性。重要的层次包括细胞、组织、器官、完整的生物个体以及生态系统等。

• 所有生物都是由生命的基本单位细胞构成。大多数生物都是单细胞；包括人类在内的其他生物是多细胞生物。

• 细胞承载着维持生命所需要的很多功能，它们生长并分裂，从而产生更多细胞。因此，它们需要摄入养分，为自身正常工作提供能量，并制造细胞或生物所需的物质。

• 在多细胞生物体中，专门的细胞具有专门的功能。专门的细胞组合在一起形成组织，如肌肉。不同的组织又组合在一起形成更大的功能单位，被称为器官。每一类细胞、组织和器官都具有独特的结构和功能，并服务于整个生物体。

5—8 年级：繁殖和遗传

• 繁殖是一切生物系统都具有的特征，这是因为，没有任何一个生物能够永生，繁殖对于每个物种的延续至关重要。有些生物采取无性繁殖方式，而有些生物采取有性繁殖方式。

5—8 年级：种群和生态系统

• 种群由某一时间在某一地点共同生活的一个物种的所有个体组成。所有在一起生活的种群以及它们与之互动的自然环境合起来构成生态系统。

• 生态系统能够养活的生物数量取决于可利用生物资源的多寡，并取决于非生物因素，例如光和水的数量多少、温度的高低范围以及土壤成分等。如果有足够的生物和非生物资源，没有疾病或猎食者，生物种群（包括人类）数量将会快速增长。如果缺乏生物资源，再加上猎食者数量剧增以及气候变化等其他不利因素，则会限制生态系统中特定生态位的物种增长。

《科学素养基准》(美国科学发展协会,1993)的相关内容

幼儿园—2 年级:生物的多样性

• 有些动植物的外表或行为相似,有些则差别很大。

• 植物和动物都有各自不同的特征,能够帮助它们在不同环境中生存。

幼儿园—2 年级:生物的相互依存

• 世界上几乎到处都有生物存在。不同地方生活的生物种类不同。

3—5 年级:生物的多样性

• 我们可以根据不同特征对各种各样的生物进行分类,判断哪一种生物属于哪一个类别。

• 根据不同目的,我们在对生物进行分类时依据不同的特征。

3—5 年级:生物的相互依存

• 生物体之间除了提供食物以外还有各种各样的互动方式。

6—8 年级:生物的多样性

• 生物学家可以根据生物内部解剖特征判断生物之间的相关程度,从而发现它们具有哪些相似性。在对生物进行分类时,生物学家认为生物的内部结构和外部结构特征比其行为或外表更为重要。

6—8 年级:生物的相互依存

• 两种生物之间相互作用的方式有几种,它们的关系可能是生产者与消费者、猎食者与猎物或寄生虫与宿主等。或者说,一种生物能够清除或分解另一种生物。两者之间的关系可能是竞争性的,也可能是互利的。一些物种之间的关系极为亲密,如果没有其中一方,另一方便无法生存。

在幼儿园—4 年级中使用这个故事

开启这一探索旅程的最好方法是，到庭院、校园或其他有树木、岩石等地衣能够生长的地方进行实地考察。首先，你自己应当先去打探一番。如果在校园里找不到地衣，那么你可以在墓地的墓碑上找到，尤其是那些石灰岩质地的墓碑。通常，在一些老旧社区以及历史比较悠久的学校，建筑物墙上很容易滋生地衣。如果你住在山区，岩石上肯定会长有大量的地衣。

大多数儿童和成年人想必都见过地衣，不过，他们可能会认为那是岩石或树木上的污渍。如果他们仔细观察，就会发现很多所谓的“污渍”其实是地衣。每个孩子都应当准备一个放大镜和一个笔记本，可以在笔记本中把地衣画出来。你可以考虑组织学生做一个寻宝游戏，让他们分组去寻找地衣并把观察结果记录下来。对于那些能够被带回教室观察的地衣，使用数码投影显微镜就可以揭示每种地衣的独特属性。现在市面上有一些数码显微镜可以让你把图片保存到电脑上。如果你的学校有网络，你也可以通过搜索引擎在互联网上找到许多地衣的图片。

另一项活动是，你和学生可以把地衣的外皮刮掉，观察里面的绿藻层。但只有心灵手巧的人才能做到这一点，所以最好由老师来做，用你们现有的最佳方式（显微镜、数码显微镜或手持放大镜）向学生展示。

你的学生在当地环境中寻找地衣时，可能会想到如下有趣的问题供调查参考：

- 我们发现的地衣中最常见的颜色是什么？
- 地衣的形状有哪些？
- 地衣最喜欢在哪些树上生长？
- 地衣最讨厌在哪些树上生长？
- 我们发现了多少种不同的颜色？
- 地衣是否偏爱生长在树木的某一侧面（方向）？
- 在同一棵树或同一块岩石上会有不同种类的地衣吗？
- 已发现的最常见地衣是哪一种？
- 如果在地衣内或地衣上有动物生活，是什么种类的动物？
- 在某个特定区域内，我们发现了多少种地衣，分别是哪种地衣？

如你所见,学生可以就地衣的位置、类型和物理属性等提出很多问题。把一些地衣带回教室进行仔细观察,也是一件饶有趣味的事情。请注意,地衣生长速度缓慢,很容易遭到破坏,你们最好按照实际需要,适量带一些回去研究就可以了。你应当让学生在科学笔记本中把实地考察见到的地衣仔细画出来,并把收集到的信息认真记下来。

在5—8年级中使用这个故事

组织高年级学生到学校附近进行实地考察当然是顺理成章的事,但是你可能希望他们跟低年级学生的做法不一样。高年级学生可以把某个地衣最多的区域圈起来,然后从中找出哪种树木上的地衣最多。除了上一节列出的问题之外,他们可能还会提出如下问题:

- 哪种地衣最常见,哪种树上地衣最常见?
- 哪种树皮鲜见地衣?
- 地面或岩石上最常见的地衣颜色是鲜艳还是不起眼?
- 有没有可能两种或多种地衣争夺同一生存空间?
- 我们发现的地衣分别属于什么种类(壳状、叶状、鳞状或茎状地衣)?

如果你有显微镜,可以让学生在低放大倍数下观察地衣,如果地衣有杯状或盘状子囊盘,让学生把它们找出来。如果地衣是干的,可以让学生往地衣上洒几滴水,然后观察地衣会发生什么变化。在显微镜下观察时,学生可以把地衣外层刮掉,以便看到含有藻类或蓝细菌的绿色层。他们还可以寻找潜藏在地衣菌丝中的微生物。

这可能是一次令学生大开眼界的经历,对你而言可能也同样如此。大多数生物老师(可能也包括你)都不喜欢研究地衣,因此,学生难得有这样近距离观察地衣的机会。我敢保证,一旦学生看到地衣,肯定会深深迷上这种可爱的小生命。

相关书籍和美国科学教师协会期刊文章

Keeley, P, 2005. *Science curriculum topic study: Bridging the gap between standards and practice.* Thousand Oaks, CA: Corwin Press.

Keeley, P., F. Eberle, and L. Farrin. 2005. *Uncovering student ideas in science, volume 1: 25 formative assessment probes*. Arlington, VA: NSTA Press.

Keeley, P., F. Eberle, and J. Tugel.2007. *Uncovering student ideas in science, volume 2: 25 more formative assessment probes*. Arlington, VA: NSTA Press.

Keeley, P., F. Eberle, and C. Dorsey. 2008. *Uncovering student ideas in science, volume 3: Another 25 formative assessment probes*. Arlington, VA: NSTA Press.

Keeley, P., and J. Tugel. 2009. *Uncovering student ideas in science, volume 4: 25 new formative assessment probes*. Arlington, VA: NSTA Press.

Konicek-Moran, R. 2008. *Everyday Science Mysteries: Stories for inquiry-based science teaching*. Arlington, VA: NSTA Press.

Konicek-Moran, R. 2009. *More everyday science mysteries: Stories for inquiry-based science teaching*. Arlington, VA: NSTA Press.

Konicek-Moran, R. 2010. *Even More Everyday Science Mysteries: Stories for inquiry-based science teaching*. Arlington, VA: NSTA Press.

参考文献

Brodo, I. M., S. D. Sharnoff, and S. Sharnoff. 2001. *Lichens of North America*. New Haven: Yale University Press.

Driver, R., A. Squires, P. Rushworth, and V. Wood-Robinson. 1994. *Making sense of secondary science: Research into children's ideas.* London and New York: Routledge Falmer.

第十章
烘焙面包

没有什么东西能比刚出炉的面包更香喷诱人的了。你口水直流，梦想着在热腾腾的面包上涂满新鲜的黄油或果酱，然后美滋滋地享受美食。哇！新出炉的面包外皮酥脆，里面松软可口。罗莎和索菲娅一天放学后来到祖母家，看到一台新面包机时做起了美梦。祖母是个面包师，家里每天都弥漫着香味，她会烘焙曲奇、馅饼以及各式各样好吃的东西。她今天要试一试刚收到的一台全新面包机。这台机器不仅能自动搅拌原料,揉面团,还能烘焙面包,完全不需要人动手!你只需要把原料放进去,然后坐等它做出香喷喷的面包就行了。

祖母使用她平常用的食材,包含酵母、糖、面粉、盐、温水和牛奶等。祖母把原料放进机器,关上机器,然后坐在那里等它自动工作。由于烘焙要花一两个小时,所以她们到客厅玩起了拼字游戏。过了一段时间,她们听到面包机发出蜂鸣声,并闻到了面包的香味,便跑进厨房去查看。祖母把面包拿出来放在砧板上。咦,等一下!那看起来根本不像面包,倒像个棕色砖头!等它凉了以后,连摸起来都像砖头。这可不是她们期待的结果,绝对不是。

"如果那个面包机只能做出这样的东西,可真不怎么样。"索菲娅说。

"要我说,我也很失望,"祖母说,"究竟哪里出错了?每一步我都是按说明书去做的。我跟你们说该怎么办:明天,我要再试一次。欢迎你们再来尝一尝。它要是还不能用,我们就退货!"

第二天,她们看着祖母按照说明书一步步操作,用的原料跟前一天从橱柜里拿出来的那些一样。天哪,面包机做出来的依然是令人失望的"砖头"。

"算了,就这样吧,我们要退货,"祖母说,"也许真是哪里出错了?呃,是不是原料出了问题?"

"面粉、水、牛奶和酵母能有什么问题呢?"罗莎问。

祖母用手掌托着下巴,说道:"问题是,面包没发起来。我想,我可能知道是哪种原料捣的鬼!我们可以轻易把它找出来。"

于是,祖母把所有原料的保质期查看了一遍,她们利用这些资料设计了一个实验方案。

第三天,面包机终于做出了松软可口的面包,再抹上新鲜的草莓酱,味道好极了。

目的

这个故事的目的是让学生了解发酵剂在制作烘焙食品中的重要性。酵母是一种生物(一种真菌),对烘焙发酵面包而言不可或缺,这种真菌如果变质就会失效。这个故事还会教大家如何醒酵母,避免出现故事中描述的那样糟糕结果。

相关概念

- 真菌
- 酵母
- 生物的新陈代谢
- 化学变化和物理变化

不要惊讶

学生可能不知道发酵剂在制作烘焙食品中发挥的重要作用。他们也许听说过一种叫做"酵母"的东西,却没意识到它是一种生物,能够通过与配料中的糖起反应产生发酵食品所必需的二氧化碳和酒精。酵母既然是一种生物,就意味着它与其他所有生物一样有自身的需求,例如空气、水和温度等。像所有生物一样,酵母也有生命周期,因此也会死亡。

内容背景

烘焙面包是最常见的食品制作方式之一,最早可以追溯到有文字记载的时期,甚至可能比这还早。《圣经旧约》有一个故事说,以色列人摆脱了被奴役的命运,由于仓促赶路,他们来不及让面包发酵。为了纪念这件事,如今犹太人在逾越节这一天都要吃无酵饼(没发酵的死面面包)。

面包制作可能早在石器时代就已经开始了。那时候,野草种子被磨碎之后与水混合,放在平坦的石头上烘焙。我们知道,现代小麦没有直接的野生植物祖先,可能是由几种野生植物祖先选择性培育出来的。对于人类究竟何时发现可以利用酵母来制作大家都熟知的面包,我们很难弄清楚确切时间。但是,我们确实知道埃及人早在 5 000 年前就已经使用酵母了。我承认自己经常在思考，在早期文明中，人类是如何发现这些东西的。例如，谁是第一个吃生蚝的人？我想，当人们开始把野生动植物当作食物时，肯定犯过不少错误。一些勇敢的人因此生病，甚至中毒死亡，而他们为那些不太勇敢的人提供了宝贵的数据。至少可以说，食物和农业生产的历史真是太丰富多彩了。

烘焙食品发酵时总是会产生一种气体，通常是二氧化碳。这种气体产生的气泡膨胀造成所谓的面团"发起来了"现象。酵母是一种被称为"酿酒酵母"的单细胞真菌，以淀粉为食，它首先把淀粉分解成单糖。当酵母消化这些单糖时，会释放二氧化碳和酒精。在某些烘焙食谱中，有几种化学物质可以用来代替酵母。小苏打是一种天然化学物质（碳酸氢钠），它与潮湿状态的酸接触时会产生二氧化碳，因此，任何使用小苏打的食谱都必须有酸，例如酪乳或酸奶等，从而产生二氧化碳。泡打粉是小苏打与酸式盐的混合物，因此，不再需要其他酸性成分。酸酵头是乳酸菌与酵母的混合物，黑麦面粉使用酸酵头发酵后酸味更浓。乳酸菌以酵母产生的东西为食，同时也释放二氧化碳。

你可能很熟悉醋和小苏打混合会产生气泡的化学反应，也就是历年科技博览会最受欢迎的"火山喷发"景象。有时候，化学方程式可以帮助我们弄明白化学反应中发生的一连串变化。这个化学反应的方程式如下：

CH_3COOH（醋）$+NaHCO_3$（小苏打）$\rightarrow CH_3COONa$（乙酸钠）$+H_2CO_3$（碳酸）

最后那个产物——碳酸——迅速分解成二氧化碳和水：

$H_2CO_3 \rightarrow H_2O+CO_2$（也就是你看到的气泡）。

你可以把这两种化学物质倒进一个汽水瓶里，然后摇晃一番，并迅速将一只瘪的气球套在瓶口上，气球很快就会被二氧化碳充满。你可以把气球的气"倒"在一支点燃的蜡烛火苗上，验证是不是二氧化碳。二氧化碳会迅速扑灭火焰。

当酵母在温暖环境中遇到糖，它就会感到"饥饿"，立即把糖发酵成酒精和二氧化碳，其化学方程式如下：

$C_6H_{12}O_6$（葡萄糖）$\rightarrow 2C_2H_5OH$（乙醇）$+2CO_2$

换句话说，葡萄糖被酵母分解成乙醇（酒精）和二氧化碳。酒精成为面包的调味剂，二氧化碳则促使面团蓬松，也就是所谓的"发面"。有趣的是，并非所有的糖都是以同样的方式与酵母起反应。蔗糖反应效果最好，果糖有一点反应，乳糖则完全没反应。

酒精饮品的发酵过程与此相同，酵母与水果或谷物中的糖起反应。顺便说一个有趣的历史掌故，约翰·查普曼（“苹果佬”约翰尼）知道这个过程。他种了很多果园租给西进的拓荒者。他种的苹果树结出来的果子并不好吃，但是，他知道在18世纪苹果的价值不在于吃，而在于人们把苹果汁酿成含有酒精的发酵苹果酒，饮用苹果酒往往比饮用水更安全，而且还能让人放松身心。甚至连清教徒也喝发酵苹果酒，因为《圣经》虽然禁止教徒饮用发酵葡萄酒，却没有说不能饮用苹果酒。

所有这些发酵过程都具有“化学变化”的特征：形成新的化合物，原先的组成成分无法通过物理方法还原。原先的每个成分都发生变化，并与原来的形态截然不同。它们的物理属性和化学属性都发生了变化。

这篇故事的重点在于，祖母烘焙面包的时候，有一种配料使用不当。真正发起来的面包呈海绵状，质地松软，内有很多孔隙，不像砖头那样紧实。最可疑的配料是酵母，它的保存期有限，在使用时未必处于存活状态，那就无法释放出二氧化碳让面包发起来。也可能是祖母把酵母放进了过热的水里，水温超过40℃就能杀死酵母。祖母和两个女孩可以通过检查水温以及“醒酵母”的方法来验证。醒酵母是经验丰富的面包师都会使用的技巧。把少量水、糖和一包（或等量）酵母放入容器，混合五分钟后，如果酵母没问题，就会在表面形成气泡，那么我们就可以把它添加到面粉和其他配料中了。

面包机做出“砖头”这个问题是可以解决的，其中有很多假设值得去求证。我将在接下来的“使用这个故事”两小节探讨这些方法和假设。

《国家科学教育标准》（国家研究委员会，1996）的相关内容

幼儿园—4年级：生物的特征

• 每一种植物或动物都有不同的结构，它们在该植物或动物生长、生存和繁殖过程中发挥不同的作用。

幼儿园—4年级：物体和物质的属性

• 物体具有很多可见的属性，包括尺寸、重量、形状、颜色、温度以及与其他物质产生反应的能力。我们可以利用直尺、天平或温度计等工具对这些属性进行测量。

5—8 年级:生物的特征

• 细胞承载着维持生命所需要的很多功能,它们生长并分裂,从而产生更多细胞。因此,它们需要摄入养分,为自身正常工作提供能量,并制造细胞或生物所需的物质。

5—8 年级:调节和行为

• 为了在一个不断变化的外部环境中生存,一切生物都必须能够获得并使用资源、生长以及繁殖,并且保持身体内部状况的平衡。

5—8 年级:物质的属性和属性变化

• 物质以各种特有的方式与其他物质产生化学反应,生成具有不同属性的新物质(化合物)。化学反应中的总质量守恒。

《科学素养基准》(美国科学发展协会,1993)的相关内容

幼儿园—2 年级:细胞

• 大多数生物都需要水、食物和空气等。

幼儿园—2 年级:物质的结构

• 一些方法可以令物质的某些属性发生变化,但同一种方法不能令所有的物质都产生同样的反应。

3—5 年级:细胞

• 有些生物由单细胞构成。跟我们熟悉的生物体一样,它们也需要食物、水和空气,需要有排出废物的方式,需要一个适宜生存的环境。

3—5 年级:物质的结构

• 当两种或多种物质结合形成一种新的物质时,新物质的属性与原来的物质都不相同。

6—8 年级:细胞

• 生物的很多基本需求,例如从食物中摄取能量并把废物排出体外,都在细胞内进行。所有生物的细胞功能都相似。

6—8 年级:物质的结构

• 由于大多数元素都倾向于跟其他元素相结合,所以以纯粹形式存在的元素很少。

• 溶液的温度和酸性会影响反应速度。很多物质溶解于水,水能大大加快物质之间的反应速度。

在幼儿园—4 年级中使用这个故事

烹饪和烘焙对所有年龄段的孩子都有吸引力,因为那是他们日常生活的重要组成部分。祖母家总是像磁石一般吸引着孩子们,尤其是,如果她到处都是曲奇,而且喜欢让孩子帮忙。我的祖母家就总是有很多曲奇,有的放在烘焙箱里,有的装在罐子里。她没有面包机,也没想过要使用那种机器,她是一个喜欢什么事都“从头做起”的人。不过今天的孩子已经习惯使用各种电子设备,他们很快就能摸清面包机及其特性。然而,现在在市场上什么样的食品都能买到,因而在家里烘焙面包越来越稀罕了。

我想在这里介绍一种名为“简易烘焙炉”(Easy-Bake Oven)的烘焙玩具,20 世纪 60 年代就已经出现了。这种玩具在课堂上使用相对比较安全,它的热量来自于一个 100 瓦的灯泡,灯泡置于绝缘性能良好的盒子里。这种烘焙炉非常便宜,尽管它已经有超过 50 年的历史,却依然能在网上或很多商店玩具专柜买到。学生可以在教室里用它烘焙面包,鉴于这种烘焙炉的尺寸和它能容纳的烘焙盘大小有限,因此只能烘焙很少量的面包。网上的面包食谱应有尽有,我敢肯定,学生的父母那里有食谱,你自己家也有。商店也会出售专门为简易烘焙炉准备的混合配料,但是顾客对它们的评价褒贬不一!其他食谱配方都需要减量,以适应简易烘焙炉的烘焙盘尺寸,当然,这很容易办到。

你可以使用基利、埃伯尔和法林(2005)的探究案例“它还活着吗?”问一问你的学生,他们认为自己所处的环境中哪些东西是“活的”,然后考虑如何向学生讲授“酵母”这种生物的知识。

如果你使用的面包配方中含有酵母,我建议首先把酵母“醒一醒”。在半杯温水里加一勺白糖,水温以100℉(40℃)左右为宜,温度太高会杀死酵母。你最好用温度计来测定。然后加入一包酵母,静置五分钟。如果酵母有效,液体表面会出现泡沫。如果没有,就只能倒掉,再试试另一包酵母(查看是否在保质期内)。把这杯酵母混合物适量添加到其他配料当中,面包就会发得非常蓬松。

如果你有一台放大倍率为400倍的显微镜,可以给学生展示酵母活细胞正在分解糖并产生气泡的过程。他们还能看到酵母细胞正在通过芽殖方式进行繁殖(又称无性繁殖),这是一个令人难忘的景象,连年纪最小的孩子都会惊叹不已。记住,商店所售的酵母通常处于冻干形态,必须用水融化以后才能恢复活性状态。

如果你教的是三、四年级学生,也可以让他们试一试那些使用其他发酵剂的食谱。你可以演示一下把醋和小苏打混合起来释放二氧化碳的实验。你还可以试一试上文提到的方法,把瘪气球套在醋和小苏打混合的瓶口,学生会发现二氧化碳很快就把气球充满,从而意识到二氧化碳具有质量并占据一定空间。学生可能会提议改变食谱中的配料成分以及用量等,然后看看结果如何。祝你们烘焙愉快!

在5—8年级中使用这个故事

如果你不了解学生能否合理分辨生物与非生物有什么区别,我建议你使用基利、埃伯尔和法林(2005)的探究案例“它还活着吗”。了解了学生的前概念水平之后,你可以考虑如何向学生讲授酵母知识,并帮助学生弄清楚酵母为什么被归类为生物。记住,商店所售的酵母通常处于冻干形态,必须用水融化以后才能恢复活性状态。

上一节关于“在幼儿园—4年级中使用这个故事”的教学建议基本上也适用于初中学生。如果他们能够写出并理解化学方程式,你就可以教他们如何去配平这些方程式。他们可以把不同数量的发酵剂放在烧杯里做实验,描述并测量实验结果。

你可以利用小苏打与醋混合这个简单实验来帮助学生理解质量守恒定律。你可以问一问学生,他们能否设计一个实验方案来查看发酵剂与酸混合时重量是否会发生变化。他们可以先把小苏打灌入气球,然后再把气球罩在瓶口上,这样小苏打与醋反应时气体就不会泄漏出去。由于这是个封闭体系,化学反应发生之后的总重量应该与反应之前所测量的各个组成部分总重量完全相等。

中学通常都配备显微镜,因此,学生可以观察酵母与糖水的反应。像醒酵母那样,把酵母与糖在水中混合,静置 30 分钟以后,吸取少许液体表层的泡沫放到显微镜的载玻片上,学生可以在放大 400 倍的情况下进行观察。他们将会看到酵母细胞通过芽殖进行繁殖,也就是在母细胞上长出新芽。有时候,他们还能看到,酵母在把糖分解并转化为二氧化碳与乙醇的过程中会有气泡冒出。

最后,我向你推荐《科学视野》杂志上的一篇文章“面包制作:生物技术和实验设计”(Sitzman,2003)。这篇文章可供你在帮助学生设计有关酵母的实验时参考。作者建议使用他所说的“液体面包”,也就是面包配方中的配料都处于液体状态。这种做法让实验变得更简单,因为你可以采用排除某种原料的方法进行实验,比如排除糖,以展示糖在酵母发酵过程中的必要性。这与醒酵母一样,没有糖就不会有气泡产生,而有气泡才证明发酵。缺少酵母或缺少糖都无法产生“发面”所需要的化学变化,而在“液体面包”实验中很容易观察到这一点。

学生也许会问到“揉面”的问题,因为他们经常在比萨店或其他制作面包类食品的地方看到这种现象。揉面是为了将气体均匀分散到面团各处,从而使做出来的面包各处均匀。如你所见,在利用配料之间的化学反应来制作面包或面包类食品时,发酵剂产生的气体作用非常重要。你也可以向学生提出挑战,让他们证明这个过程发生的变化为什么是化学变化而不是物理变化。记住,化学变化的特点是生成新的物质,而原先的物质都不复存在。

如果你们决定把实验进行到底,那么每个人都将能够品尝到自己亲手做出的美味面包。祝你们烘焙愉快!

相关书籍和美国科学教师协会期刊文章

Keeley, P. 2005. *Science curriculum topic study: Bridging the gap between standards and practice.* Thousand Oaks, CA: Corwin Press.

Keeley, P., F. Eberle, and J. Tugel.2007. *Uncovering student ideas in science, volume 2: 25 more formative assessment probes*. Arlington, VA: NSTA Press.

Keeley, P., F. Eberle, and C. Dorsey. 2008. *Uncovering student ideas in science, volume 3: Another 25 formative assessment probes*. Arlington, VA: NSTA Press.
Keeley, P., and J. Tugel. 2009. *Uncovering student ideas in science, volume 4: 25 new formative assessment probes*. Arlington, VA: NSTA Press.
Konicek-Moran, R. 2008. *Everyday Science Mysteries: Stories for inquiry-based science teaching*. Arlington, VA: NSTA Press.
Konicek-Moran, R. 2009. *More everyday science mysteries: Stories for inquiry-based science teaching*. Arlington, VA: NSTA Press.
Konicek-Moran, R. 2010. *Even More Everyday Science Mysteries: Stories for inquiry-based science teaching*. Arlington, VA: NSTA Press.

参考文献

Driver, R., A. Squires, P. Rushworth, and V. Wood-Robinson. 1994. *Making sense of secondary science: Research into children's ideas*. London and New York: Routledge Falmer.
Keeley, P., F. Eberle, and L. Farrin, L. 2005. Is it living? In *Uncovering student ideas in science, volume 1: 25 formative assessment probes*, 123–130. Arlington, VA: NSTA Press.
Sitzman, D. 2003. Bread making: Biotechnology and experimental design. *Science Scope* 36 (5): 27–31.

第十一章
温室里的春天

又到春天了。埃迪和克里又回到了建成已经一年的温室里，在妈妈身边跑前跑后。妈妈是一名园艺大师，她喜欢为家里的菜园和花园播种。尽管室外依然春寒料峭，但是温室内白天的环境非常宜人，妈妈可以播下种子，然后把培育出的秧苗移植到自家的花园或客户家的花园里。她原本可以到苗圃基地去买现成的植株,但是那样只会增加成本。“从零开始”种植植物,可以让妈妈在园艺生意中多赚一些钱。温室在白天只有阳光给室内增温,而一到晚上室内温度就会降下来。因此,妈妈买了一个很大的电热垫,夜间可以为放置在其上的播种盘提供热量。

三个人站在温室里,已经准备好了种子、播种盘、土壤、水和肥料。

“喂,”妈妈说,“你们愿意帮我种今年的新作物吗?”

“当然啦,”两个孩子回答,他们都喜欢看着这些幼苗从土壤里冒出来,“但是,我们需要怎么做才能让这些种子冒芽?”

妈妈喜欢教他们学习新的科技词汇,便纠正说应当使用“发芽”一词。“你们认为,除了在播种盘里播撒种子之外,还应当放些什么东西,以便让种子尽快发芽并健康成长?”

“噢,肯定要有土壤。肥料似乎对植物的生长很重要,所以我想肥料也是要的,”克里说,“但是我拿不准,因为我听说,种子里面已经含有它冒……呃……发芽所需的一切。”

“我敢肯定,它们需要阳光帮助自己发芽,但是种子被埋在土壤里,阳光是如何进去的呢?”埃迪问。

“问得好。”妈妈说。

“也许阳光照到土壤上面就行了,”克里说,“不过,种子发芽肯定需要水。”

“你为什么这样认为呢?”埃迪问。

“我们在学校里用种子做过很多实验,我们总是先把种子浸泡一下,否则很难剖开,无法看见里面有什么东西。”

“好吧……听起来似乎有道理。但是,我们不需要给种子保暖吗?我觉得应该这样。”克里问。

“温室白天太阳会给种子加热,而晚上电热垫可以做到这一点。”埃迪说。

“嗯,我想,我们还有一些问题要回答,”妈妈说,“我们可以做个小实验,看一看种子发芽需要哪些条件以及不需要哪些条件,你们认为怎么样?”

目的

孩子们往往认为，就像人和动物需要维生素一样，植物也需要肥料。然而，种子和植物完全是两码事。重要的是，我们应当帮助学生认识到，大多数种子本身都已经具备发芽所需的各种营养物质，基本上只需要温度、氧气和水分即可发芽。

相关概念

- 营养
- 发芽
- 生命周期
- 光合作用

不要惊讶

儿童和成人往往都认为，如果一样东西很好，那就多多益善。就本章故事而言，你的学生可能会认为，如果肥料对植物生长有好处，那么它对种子发芽肯定也有好处。之所以有这种想法，可能是因为他们见过园丁在施过肥的苗床上播下种子，然而，给苗床施肥只是为种子发芽后健康成长提供肥沃的基质，它跟种子能不能发芽没有任何关系。你自己也可能会惊奇地发现，有些种子发芽还需要阳光，这一理论已经经过最新科学研究证明。

内容背景

种子是我们可以拎着就走的小包装“植物”。它们具有一层保护性的外膜（种皮），内含发芽所需的各种营养物质，能够冲破种皮开启新生活。如果种子是健康的，就肯定具有生命力。很多人却不这样认为，因为种子给人的印象往往是僵死不动的，就像岩石一样，然而它们的确具有一切生物都具有的各种特征。种子在等待被播种的过程中，始终在不停地呼吸并耗用储存在体内的食物（胚乳），待到条件适合就会发芽。种子发芽至少需要三个条件：水分、氧气和温度。种子通过吸收水分（吸胀作用）能够使种皮软化，并且使种子内部的细胞膨胀，从而启动由植物基因指令控制的生长过程。跟所有生物一样,种子也需要氧气进行细胞呼吸。这些过程在比较温暖的环境中能够顺利进行。在上述条件得到满足之前,种子始终处于休眠状态。有些种子发芽还需要阳光,但这些只是例外。一些莴苣种子或大麦种子需要光照激活体内的赤霉酸,由此启动一系列复杂的生物化学步骤,以帮助种子发芽。

水通常经由一个叫做“种脐”(种子借助种脐附着在子房壁上)的开口进入种子内部。吸胀作用使种子不断膨胀,最终冲破种皮,与周围环境取得联系。水还有助于种子释放必要的酶,把种子内储存的食物(胚乳)分解成油、淀粉和蛋白质等可用成分。这种食物将会一直帮助种子维持生命,直到胚种长出几个部分(根、茎和叶的原始形态),最终使它成为一个能够进行光合作用、独立生存的植株。

在这段时间里,种子需要进行细胞呼吸来消耗其储存的食物。这意味着胚种利用氧气消耗食物并使用由此产生的副产品。当种皮破裂后,种子就会从土壤中获得这种元素。

在萌芽过程中,胚根开始出现,不久后胚轴出现,胚轴是植株的原始茎,其上的子叶(种子的叶)从此开始进行光合作用,这样,新出的幼苗就可以独立生存了。上述各个部分早在种子发芽前的胚胎期就已经存在。种子发芽、幼苗独立生活后不久,随着植株充分发育,子叶将会脱落,然后长出新的叶子(真叶)。如果你想观看一部关于种子发芽的精彩小动画,可以登录网站 www.botanical-online.com/animation4.htm。你也可以通过互联网搜索“种子发芽动画”寻找其他动画。

种子发芽过程完成后,新植株肯定会从土壤中的肥料受益,但这并不是故事中所提的问题。妈妈的问题很明确:种子发芽需要具备哪些条件?我相信,你的学生通过做实验了解种子发芽需要哪些条件以及不需要哪些条件,最终将会学到他们应当学到的知识。

《国家科学教育标准》(国家研究委员会,1996)的相关内容

幼儿园—4 年级:从事科学研究需要具备的能力

- 就环境中的物体、生物或事件提出一个问题。
- 制定简单的调查计划并付诸实施。
- 利用简单的设备和工具收集数据并拓展感官能力。

• 根据数据做出合理解释。

• 把自己的调查结果和科学解释拿出来与他人分享。

幼儿园—4 年级：生物的特征

• 生物都有基本需求。例如，动物需要空气、水和食物等；植物需要空气、水、养分和光等。生物只有在其需求可以得到满足的环境下才能生存。

• 世界上有许多不同的环境，不同环境养活的生物类型各不相同。

• 每一种植物或动物都有不同的结构，它们在该植物或动物生长、生存和繁殖过程中发挥不同的作用。

幼儿园—4 年级：生物的生命周期

• 植物和动物的生命周期包括出生、成长、繁殖和死亡。生命周期的具体细节因生物种类不同而存在差异。

• 植物或动物都跟它们的父母长得很像。

5—8 年级：从事科学研究需要具备的能力

• 通过科学调查确定研究课题。

• 制订科学调查计划并付诸实施。

• 利用适当的工具和技巧对数据进行收集、分析并解释。

• 运用批判思维和逻辑思维建立证据和解释之间的关系。

5—8 年级：生物系统的结构和功能

• 处于不同层次的各个生物系统在结构和功能上具有互补性。重要的层次包括细胞、组织、器官、完整的生物个体以及生态系统等。

5—8 年级：繁殖和遗传

• 繁殖是一切生物系统都具有的特征，这是因为，没有任何一个生物能够永生，繁殖对于每个物种的延续至关重要。有些生物采取无性繁殖方式，而有些生物采取有性繁殖方式。

6—8 年级:生物的多样性和适应性

• 数百万种动物、植物和微生物生活在当今这个世界。尽管不同物种外表形态各异,但是,通过分析生物身体内部结构的一致性、化学反应过程的相似性以及拥有的相同祖先,可以找出它们的共性。

《科学素养基准》(美国科学发展协会,1993)的相关内容

幼儿园—2 年级:科学研究

• 人们往往单凭仔细观察周围的事物就能够学到一些东西,不过有时候,人们在对那些事物做些什么之后再进行观察,能够学到更多东西。

• “能够尽量准确地描述事物”在科学研究中非常重要,因为它能够让你把自己观察到的结果与他人观察到的结果进行比较。

• 当人们对同一个事物的描述大相径庭的时候,比较好的做法是,重新进行观察,而不是进行无谓的争论。

幼儿园—2 年级:生物的多样性

• 有些动植物的外表或行为相似,有些则差别很大。

• 植物和动物都有各自不同的特征,能够帮助它们在不同环境中生存。

幼儿园—2 年级:物质的结构

• 一些方法可以令物质的某些属性发生变化,但同一种方法不能令所有的物质都产生同样的反应。

3—5 年级:生物的多样性

• 我们可以根据不同特征对各种各样的生物进行分类,判断哪一种生物属于哪一个类别。

• 根据不同目的,我们在对生物进行分类时依据不同的特征。

3—5 年级:科学研究

• 科学研究的结果很少会一模一样,但如果差异过大的话,就有必要弄明白其中的原因。在研究过程中必须严格按照指令去做并认真做好记录,好处之一就在于,一旦结果出现差异,便于查找哪一个环节出了问题。

• 如果有人声称自己知道某种东西的工作原理,科学家们往往会不屑一顾,除非他能够提供充分的证据,而且他的推理过程符合逻辑。

6—8 年级:科学研究

• 如果在实验中同时发生变化的量不止一个,那么我们就很难弄清楚影响实验结果的是哪一个变量。虽然我们并非一定能杜绝外部变量对实验产生干扰,但是,只要研究人员在实验过程中齐心合力,通常能够解决这类问题。

6—8 年级:生物的多样性

• 动物或植物具有多种多样的外部形状和内部结构,从而能够制造或寻觅食物并繁殖后代。

• 对有性繁殖的生物而言,一个物种包含所有能通过交配产生子孙后代的生物个体。

在幼儿园—4 年级中使用这个故事

一个较好的导入方法是,使用《了解学生的科学想法(二)》一书中的探究案例“种子的需求”。这一探究案例要求学生从种子发芽所需条件的几个选项中选出正确答案,并要求他们用自己的话来解释那样选择的原因。你可以利用这种形成性评价来了解学生关于种子发芽的前概念水平。

你可以让学生列出他们认为种子发芽需要哪些条件。即使面对低年级学生,我也建议你使用规范的术语并确保学生弄明白它们的意思,关于种子发芽的动画有助于他们理解这些术语。你可以把列表中的每句话都改成问句,这样,学生的陈述就变成一个个可供调查的问题。例如,学生通常会说:

- 种子发芽需要阳光。
- 种子发芽需要肥料。
- 种子发芽需要热量。
- 种子发芽需要空气。
- 种子发芽需要水分。
- 种子发芽需要土壤。

将第一句陈述改成问题:“种子发芽需要阳光吗?”以此类推。在整个教学过程中,你可以把这些问题放在显眼的地方,以便学生对照问题进行调查,并根据调查结果对这些问题或删或留。

你也可以在《日常科学之谜(一)》的故事“讨价还价的种子”,或者在《日常科学之谜(二)》中的“新建的温室”中找到一些有用的信息。

你可以选择一些发芽速度较快的种子,例如百日菊、金盏花、绿豆或紫苜蓿等,这样,几天之后就能够得到结果。如果播撒的种子靠近透明塑料杯边缘的土壤,就能看到土壤表层下的根逐渐发育成熟。为了回答列表中的最后一个问题(种子发芽需要土壤吗?),我建议你把种子装入一个密封的塑料袋里,里面再放入一些湿纸巾,实验结果将会表明,土壤不是种子发芽的必要条件。如果学生还没有弄明白种子发芽与植株生长的区别,这个实验可以帮助他们。

你可以让学生自己动手播种、控制各种变量、实施实验方案,不过,你应当给他们提供必要的帮助。学生需要弄清楚如何管理容器中的种子,以便控制其他各种变量。如果学生不知道如何控制变量,你可以向他们提出如下问题:“你如何知道种子发芽是否需要________?”

在没有水分或适宜温度的容器内种子不可能发芽,而其他容器内的种子都会发芽。这些结果将会表明,种子发芽需要具备哪些基本条件。显然,在容器中使用肥料的种子不可能比不使用化肥的种子发芽更快。这至少会让学生对肥料的必要性提出质疑。我之所以这样说,是因为有些学生依然会固执己见,找出某些牵强的理由来说明肥料的确起了作用。毕竟,对很多人而言,“眼见为实”。

这也表明,如果我们想要取得成功,必须利用批判性思维能力制定相应的实验标准。有些学生可能会认为,时间是区分成功(发芽速度最快)与否的变量。你应当提醒他们注意,他们测试的重点是种子需要具备哪些条件*才能*发芽,而不是测试它们发芽的速度*有多快*。你应当特别强调,不是所有的种子都能发芽,因为有些种子并不健康。这意味着,学生要在每个容器中播下几颗种子。当然,我们也不能根据发芽种子的数量多少来判断容器是否满足种子发芽的必要条件。如果你使用的是当年的新种子并且播种方法恰当,发芽种子的比例应当是一个常量。如果你想了解如何利用科普读物来讨论这个话题,国家科学教师协会会员可以查阅"利用科普读物进行教学:种子会发生什么变化?"(阿什布鲁克(Ashbrook),2005)和"利用植物进行循环"(卡瓦略(Cavallo),2005)。两篇文章都可以在 www.nsta.org 网站找到。

对于一、二年级的学生,只要求他们关注实验中的一两个变量即可。例如,你可以在播种用的杯子里装太多的水、装适量的水或者不装水,这样,实验结果就会明显不同。学生还可以在这种简单的实验中学会如何控制变量。

在 5—8 年级中使用这个故事

在高年级学生中,我同样建议你使用之前提到的探究案例"种子的需要"。形成性评价非常重要,在讲授某个知识点之前,如果你不事先了解学生的前概念水平如何,就如同乘坐小船出海却没有带划桨、地图和指南针一样。如果学生持有的观点大相径庭,他们肯定会展开热烈讨论。而你可以根据他们的讨论情况对症下药。

上一节的大部分教学建议同样适用于高年级学生。为了弄清种子发芽需要哪些条件而设计实验方案,学生应该能够辨别实验涉及的一些变量。对老师而言比较明智的做法是,你不要过高估计高年级学生的实验设计能力,他们可能还是需要你来帮助辨别哪些变量应当保持恒定,哪些变量应当做出改变。他们可能还需要对实验设计进行修改,其中包括修改控制变量。你可以让学生分组设计实验方案,然后拿到全班学生面前集中讨论。

我认为很重要的一点是,老师应当帮助学生学会如何向他人提出建设性的批评,而不是对他人进行人身攻击。我常用的做法是,鼓励学生首先把小组设计方案的优点提出来,然后委婉地这样说:"然而,我有一个问题,实验设计中没有提到如何记录所用水分/土壤/肥料数量的方法。"这种说话技巧不会让批评充满火药味,免得让对方产生抵触情绪,从而使你的观点比较容易被接受。正如我在本书开头几章提到的那样,我们需要帮助学生学会彼此之间如何有效沟通、共同进步。而在教学实践中,我们却没有花足够的时间和精力教学生如何把科学"说"给他人听以及如何"听"他人"说"科学。

国家科学教师协会会员可以在 www.nsta.org 网上免费访问一篇期刊文章"豆科植物:成长经历"(West,2004)。看一看别人是如何教授同样的科学内容总会使我们自己受益匪浅。在这篇文章中,韦斯特描述了她如何指导学生对豆科植物进行调查研究,以及如何纠正学生的错误观念。她还设计了一个非常实用的评估标准,用来评估学生在调查研究过程中每一步掌握了哪些知识。

高年级学生可能会想到更多关于实验材料的问题,并把实验结果用图表呈现出来,从而使这项研究变得更复杂一些。例如:

- 如果只需要一点水就好,那么水多了会不会更好?
- 种子在土壤里是不是需要深埋才能发芽?
- 种子需要多少热量?
- 种子在发芽过程中是否会用到土壤?

跟其他旨在纠正学生错误前概念的实验活动一样,你的实验结果可谓相当有说服力,种子发芽只需要三样东西,肥料对种子发芽不起作用。即使实验结果铁证如山,如果有些学生还是固执己见,那么你也不用气馁。相反,你应当庆幸自己为建造科学大厦又增添了一块砖瓦,将来总有一天学生会理解"种子的需求"。

相关书籍和美国科学教师协会期刊文章

Keeley, P, 2005. *Science curriculum topic study: Bridging the gap between standards and practice.* Thousand Oaks, CA: Corwin Press.

Keeley, P., F. Eberle, and J. Tugel.2007. *Uncovering student ideas in science, volume 2: 25 more formative assessment probes.* Arlington, VA: NSTA Press.

Keeley, P., F. Eberle, and C. Dorsey. 2008. *Uncovering student ideas in science, volume 3: Another 25 formative assessment probes.* Arlington, VA: NSTA Press.

Keeley, P., and J. Tugel. 2009. *Uncovering student ideas in science, volume 4: 25 new formative assessment probes.* Arlington, VA: NSTA Press.

Konicek-Moran, R. 2008. *Everyday Science Mysteries: Stories for inquiry-based science teaching.* Arlington, VA: NSTA Press.

Konicek-Moran, R. 2009. *More everyday science mysteries: Stories for inquiry-based science teaching*. Arlington, VA: NSTA Press.

Konicek-Moran, R. 2010. *Even More Everyday Science Mysteries: Stories for inquiry-based science teaching*. Arlington, VA: NSTA Press.

参考文献

American Association for the Advancement of Science (AAAS).1993. *Benchmarks for science literacy.* New York: Oxford University Press.

Ashbrook, P. 2005. Teaching through trade books: What happens to seeds? *Science & Children* 42 (8): 18–20.

Cavallo, A. 2005. Cycling through plants. *Science & Children* 42 (8): 22–27.

Botanical Online SL. 2010. The germination of the bean. *www.botanical-online.com/animation4.htm*

Driver, R., A. Squires, P. Rushworth, and V. Wood-Robinson. 1994. *Making sense of secondary science: Research into children's ideas.* London and New York: Routledge Falmer.

Keeley, P., F. Eberle, and J. Tugel.2007. *Uncovering student ideas in science, volume 2: 25 more formative assessment probes*. Arlington, VA: NSTA Press.

Konicek-Moran, R. 2008. *Everyday Science Mysteries: Stories for inquiry-based science teaching*. Arlington, VA: NSTA Press.

Konicek-Moran, R. 2009. *More everyday science mysteries: Stories for inquiry-based science teaching*. Arlington, VA: NSTA Press.

National Research Council (NRC). 1996. *National science education standards*. Washington, DC: National Academy Press.

West, D. 2004. Bean Plants: A growth experience. *Science Scope* 27 (7): 44–47.

第十二章
反应时间

福阿德和弟弟阿卜杜勒正在玩“拍手”游戏，这是他们在自己祖国学到的一种游戏。在这个游戏中，两人面对面坐在地板上，一人双手心朝上放在自己大腿上，

另一人双手心朝下置于前一人的手上方,掌心对掌心。双手放下面的人在双手放上面的人把手缩回之前,迅速抽出双手去拍打上面那一双手。而双手放上面的人需要反应灵敏,及时把双手缩回去,以免被拍到。玩这个游戏,你需要在不被对方察觉的情况下,迅速抽出双手去完成拍打动作。人们往往把这种情形称为“反应时间”。

福阿德赢的次数比弟弟多,因此得意扬扬。

“我老是赢你,阿卜杜勒!你的手还没动,我就察觉到了。我的反应太快了。”

“好吧,也许你赢的次数确实比我多,但是,我觉得我的反应也很快。”

“你可没在游戏里体现出来,”福阿德说,“你连拍手游戏都赢不了,又凭什么说自己反应快。”

“因为我玩别的游戏反应快。你只是在这个游戏里比我快罢了!”

“我在一本杂志上看到过一个方法,能帮我们分辨谁更快!”福阿德说,“你想试试吗?”

“当然,只要公平就行,”阿卜杜勒说,“怎么测试?”

“首先找一把尺子。一个人抓住尺子顶端,另一人在尺子最下面张开自己的拇指和食指。拿尺子人的手一松开,另一人则迅速用手指捏住下落的尺子。我们可以根据尺子下落的距离测量手在下面的那个人的反应速度。尺子落下的距离越短,你抓住尺子的速度越快,证明你的反应速度越快。”

“听起来棒极了!我想我们可以用这个方法测量出各种不同的反应时间。让我们找一把尺子来测试吧!但是一定要保证公平。”

“好的,我们会确保公平。但是,你说的各种不同反应时间是什么意思?”

“到时候你就知道了,”阿卜杜勒说,“你不可能在每一项测试中都占上风。”

目的

这则故事旨在让学生了解神经系统对刺激如何做出反应,以及神经系统的工作原理是什么。

相关概念

- 神经系统
- 刺激
- 平均值
- 简单反应时间
- 反应

不要惊讶

学生也许认为,通过练习可以提高各种反应时间,他们也许还认为,每一类刺激引起的反应时间都相同。他们往往没有意识到,中枢神经系统对人体做出反应的时间长短发挥着重要作用。

内容背景

“反应时间”是指任何生物从接受刺激到做出反应的时间间隔。在体育运动中,反应时间极为重要。以棒球为例,美国职业棒球大联盟一个投手与拿着球棒的击球手之间距离是 60 英尺 6 英寸。很多投手投出的棒球时速为每小时 95 英里,甚至更快。这就意味着,球会在大约 0.4 秒内到达击球手的位置。击球手只有 0.4 秒的时间决定击球位置,甚至决定是否击球。这就需要极快的反应时间。大多数击球手都很难做到这一点,平均 10 次中只有不到 3 次能击中球。超出这个水平的人就会被誉为优秀击球手。从 1903 至 1941 年,能够在每 10 次击球中击中超过 4 次的选手仅有 7 人,1941 年,特德·威廉斯(Ted Williams)有幸成为这 7 人中的一员。野生动物专家告诉我们,像猎豹或狮子这样的猎食动物每 10 次捕猎中只有 3 次能够成功。荒野生活很残酷,棒球场*亦是如此*!

这个故事与神经系统的反应有关。很多动物的神经系统都分成两部分,中枢神经系统和周围神经系统。中枢神经系统由大脑、脊髓和视网膜组成。周围神经系统主要由与中枢神经系统相连的感觉神经元组成。神经系统是由所谓的神经元细胞构成,它发出的信号通过电化学波沿着被称为轴突的细小神经纤维从一个神经元抵达另一个神经元。这些细胞相连接的位置叫做突触,突触会释放一种叫做神经递质的化学物质,它使得信号能够经由下一组轴突抵达终点。

例如,如果一个人对某种视觉刺激做出反应,而在他做出反应之前会有很多事情发生。刺激(以光粒子或光波的形式)进入眼睛,然后经由神经元或神经通路到达大脑,大脑对其处理后做出选择。大脑的指令通过无数神经元传递至脊髓,脊髓再把神经冲动传递至适当的肌肉,指示它们如何反应。显然,整个过程中都有大量电化学信息在传递,这些都是在极短的瞬间完成的。

尽管如此,有时候,这种反应速度还是太慢!如果有人朝你扔东西,甚至可能会打中你的脸。这种情况下你会做出反射动作——信号绕过大脑直接抵达脊髓。你会蹲下身去或把头偏向一边,避免自己被砸到。同样,如果你碰到滚烫的东西,皮肤里的感受器就会向脊髓发出"烫!"的信号,让你立刻退缩。你的大脑根本来不及"思考"。这是一件好事,因为只有这样才能让你避免受到严重伤害。

现在回到本章的故事。反应时间的确有大脑参与。"简单反应"是指一个人对刺激做出的有意识动作,在这类情况下,人体某个感觉器官或神经(视觉、听觉或触觉等)就会发出信号,经过神经元传递至大脑,然后到脊髓,再到肌肉。这套系统就像电脑的"硬连接"一样相对固定不变,即使通过训练速度有所提高,也不可能超越某个点。反应速度在一个人的青少年时期达到顶峰,随着年龄增长而逐渐走下坡路。我想,这就是一些职业运动员35岁以后就过了巅峰期的原因。那个每小时95英里的棒球远看就像一片阿司匹林,但是它冲着你飞来,你要么躲过,要么挥棒一击。

互联网上有各种各样的反应时间测试,你可以尝试一下。本章故事提到的反应时间测试比较简单,只需要一把尺子,这大多数家庭都有。你和你那些跃跃欲试的学生可以看看克莱姆森大学的罗伯特·科辛斯基(Robert Kosinski)撰写的一份研究评述,网址为 http://biology.clemson.edu/bpc/bp/Lab/110/reaction.htm。学生们会发现,著名大学里的科学家也在做这方面的研究工作,他们不用再怀疑自己能否成为真正的科学家。

还有另一种不同的测试方法，叫做“过/不过”测试(go/no-go test)。受试者必须在两个刺激中做决定，根据测试要求，要么做出反应，要么不做反应。例如，受试者只能选择对一个刺激做出反应，而对另一个刺激不做反应。因此，大脑必须同时处理不止一个信号，告诉受试者如何反应(或不反应)。这当然需要更多反应时间，故事中没有提及这个方法，因为它过于复杂，无法用日常工具在课堂上进行测试。然而，你可以在网上查看。

《国家科学教育标准》(国家研究委员会，1996)的相关内容

幼儿园—4 年级：生物的特征

• 生物个体的行为都受其内部信号(如饥饿)和外部信号(例如环境中的变化)影响。人类及其他生物具有多种感觉器官，能够帮助自身感知体内信号和外部信号。

5—8 年级：调节和行为

• 生物对体内环境的调控是指，生物能够感知体内环境并改变生理活动以维持生存所需的必要条件。

• 行为是生物体对内部或外部环境刺激所做出的一种反应。一个行为反应需要很多层面之间的协调和沟通，包括细胞、器官系统和整个生物体等。

5—8 年级：生物系统的结构和功能

• 在多细胞生物体中，专门的细胞具有专门的功能。专门的细胞组合在一起形成组织，如肌肉。不同的组织又组合在一起形成更大的功能单位，被称为器官。每一类细胞、组织和器官都具有独特的结构和功能，并服务于整个生物体。

• 人体的系统有消化系统、呼吸系统、生殖系统、循环系统、排泄系统、运动系统、协调与控制系统以及免疫系统等。这些系统之间相互作用。

《科学素养基准》(美国科学发展协会,1993)的相关内容

幼儿园—2 年级:基本功能

• 感觉器官能够给身体发出危险警告;肌肉帮助人搏斗、躲藏或逃离危险。

• 大脑使得人类能够进行思考,并向身体其他部位发出信号,指挥它们正常运转。

3—5 年级:基本功能

• 大脑接收身体各个组成部分发出的信号。大脑也向各个组成部分发送信号来指挥它们运转。

6—8 年级:基本功能

• 器官和器官系统由细胞构成,并为细胞提供基本的需求。

• 感官、神经和大脑之间相互作用,使得人类能够学会如何应对所处环境的变化。

在幼儿园—4 年级中使用这个故事

你觉得学生想做的第一件事是什么?拍手游戏,对吧?故事已经将这个游戏描述得很详细。学生会发现,想要赢得游戏需要反应灵敏并出其不意。你可以让他们分析这个游戏,并自己琢磨怎样做才能骗过对方。他们应该知道,手放在上面的人能否避免被拍到,取决于他察觉对方动作的反应灵敏度。游戏规则一般为 10 次一个回合,然后互换角色继续游戏,最终根据被拍到的次数多少来判定输赢。怎样才算得分,应当由两位游戏者自己商定。你可以提出如下问题:

• 你经过练习以后是否表现更好?

• 你是否研究出如何骗过对方的策略?

• 你觉得是你的反应速度变快了,还是你只是察觉了对方的意图?(注意:实际上,反应时间基本固定不变,但是通过练习确实能让你想出更好的策略。)

• 跟年纪比你大的人玩这个游戏，你是否表现得更好？跟年纪比你小的人玩呢？

作为教师，你可能不得不接受最后一个问题中提到的挑战，做好输的心理准备。毕竟，到了你这个年龄，反应速度肯定比学生慢。不过，为了教育事业，你敢于面对失败，对吧？

面对二年级及二年级以上的学生，你可以放心让他们以数据形式记录反应时间。你只需要一把尺子（各种尺子）就行，故事中已经有说明。尺子的底部应该与“接球手”的拇指和食指齐平，“发球手”在没有任何征兆的情况下松开尺子，“接球手”则迅速捏紧拇指和食指。尺子下落的距离可以根据拇指或食指中间线对应的尺子刻度来计量。你可以让学生把这个数据记录在科学笔记本上，让他们看看是否会随着实验的进行而有所变化。

再次重申，即使你反复练习，你的反应时间也不会有变化，但接尺子的策略可以得到改进。疲劳、厌倦、药物或咖啡等因素都会对反应时间造成影响。我之前已经提过年龄这个因素。反应时间从婴儿期到 20 岁左右逐渐变短，从 20 岁左右至五六十岁逐渐变长，此后，随年龄增长而迅速变长。我（81 岁）要是玩这个游戏，恐怕只能得最后一名！我要对女同胞们说一声抱歉，因为女性反应时间的平均值似乎比男性长一些（Der and Deary，2006）。有证据表明，听觉刺激比视觉刺激引起的反应时间短（Brebner and Welford），1980），这似乎是因为听觉刺激抵达大脑的时间比视觉刺激要短一些。在电脑鼠标测试中，左撇子似乎比右撇子表现更好（Peters and Ivanoff，1999）。这很好理解，因为左撇子的大脑右半球比较发达，而右半球负责执行与空间相关的任务。

神经网络与反应时间之间的具体关系究竟如何？这方面还存在很多未知领域。有些学生可能会提出自己的见解。然而，这些问题对低年级孩子而言还太复杂，不过，如果你班上的学生能力比较强，请阅读下一节内容，看看能不能解决其中一些问题。

在 5—8 年级中使用这个故事

如果高年级学生跟低年级学生一样迫不及待地想要开始玩拍手游戏，也不足为奇。阿卜杜勒说,福阿德不可能在每一项测试中都占上风,你的学生肯定想知道他这话是什么意思。根据我的经验,一旦学生用尺子做过测试后,他们会提出很多你意想不到的问题,而每个问题都值得进行研究,例如:

- 受试者被蒙住眼睛之后,听觉刺激如何影响他的反应时间?
- 受试者被蒙住眼睛之后,触觉刺激如何影响他的反应时间?
- 年龄如何影响反应时间?
- 在各种测试中,年龄都会影响反应时间吗?
- 性别对反应时间有影响吗?
- 左利手或右利手会影响反应时间吗?

福阿德和阿卜杜勒强调测试的公平性,他们的确做到了。你可以帮助学生确保无论研究哪个问题,都应当以适当的方式控制各种变量。学生应当把所有测试的数据记录在科学笔记本上以及班级总数据表上。学生在做记录的时候最好隐去姓名,以免有些反应较慢的孩子感到难堪。你也可以考虑让几个班级一起做一个大范围测试,或者进行跨年级测试。采用画图的方式可以让数据更直观,最终画出的图通常会是一个钟形的正态分布图,少数非典型性结果位于分布图两端,而多数典型性结果位于中间。你可以借此机会给学生介绍简单的统计学知识。学生可以用正态分布图预测受试者最有可能出现的实验结果。

我估计,你可能不得不强行终止这项研究,因为学生肯定会玩出新花样,进行新测试。然而,我可以向你保证,学生的实验调查以及数据收集都是货真价实的科学研究,从教学角度而言完全是值得肯定的。

对于那些想要继续挑战的学生,你可以在网上找到很多测试内容。我建议你多腾出一些教学时间,多组织学生做一做“过/不过”之类寓教于乐的反应时间测试。

相关书籍和美国科学教师协会期刊文章

Keeley, P, 2005. *Science curriculum topic study: Bridging the gap between standards and practice.* Thousand Oaks, CA: Corwin Press.

Keeley, P., F. Eberle, and J. Tugel.2007. *Uncovering student ideas in science, volume 2: 25 more formative assessment probes*. Arlington, VA: NSTA Press.

Keeley, P., F. Eberle, and C. Dorsey. 2008. *Uncovering student ideas in science, volume 3: Another 25 formative assessment probes*. Arlington, VA: NSTA Press.

Keeley, P., and J. Tugel. 2009. *Uncovering student ideas in science, volume 4: 25 new formative assessment probes*. Arlington, VA: NSTA Press.

Konicek-Moran, R. 2008. *Everyday Science Mysteries: Stories for inquiry-based science teaching*. Arlington, VA: NSTA Press.

Konicek-Moran, R. 2009. *More everyday science mysteries: Stories for inquiry-based science teaching*. Arlington, VA: NSTA Press.

Konicek-Moran, R. 2010. *Even More Everyday Science Mysteries: Stories for inquiry-based science teaching*. Arlington, VA: NSTA Press.

参考文献

American Association for the Advancement of Science (AAAS).1993. *Benchmarks for science literacy.* New York: Oxford University Press.

Brebner, J. T., and A. T. Welford. 1980. Introduction: An historical background sketch. *In Reaction Times,* ed. A. T. Welford, 1–23. New York: Academic Press.

Cognitive Fun. 2008. *http://cognitivefun.net/test/17*

Der, G., and I. J. Deary. 2006. Age and sex differences in reaction time in adulthood: Results from the

United Kingdom health and lifestyle survey. *Psychology and Aging* 21 (1): 62–73.

Peters, M., and J. Ivanoff. 1999. Performance asymmetries in computer mouse control of right-handers, and left-handers with left- and right-handed mouse experience. *Journal of Motor Behavior* 31 (1): 86–89.

National Research Council (NRC). 1996. *National science education standards*. Washington, DC: National Academy Press.

第十三章
密封罐里的秧苗

萨拉和艾娜争论起来。其实，也算不上争论，只不过是她们对一个科学话题各执一词。艾娜和萨拉长大后都想成为科学家。她们观看了一段科学视频，内容是关于植物在成长过程中如何从空气中获得茎和叶所需的大部分物质——视频中科学家们称之为“质量”。萨拉想知道这是如何发生的，她不相信空气中会有植物成长所需要的东西。

萨拉想了又想。第二天,萨拉向艾娜建议,她们可以尝试做一个实验,在一个密封的罐子里种植一株植物,这样她就能证明植物并没有从空气中获得成长所需要的物质。

“如果植物生长的话,这个大泡菜罐子里的空气肯定不够整株植物的茎和叶使用,而我们知道,植物生长所需的物质来自土壤或水。”

“好吧,我不知道罐子里能不能种植物。还有,罐子里就这么一点空气,种子能不能发芽?”艾娜说。

“问题就在这里,”萨拉说,“如果它们需要空气才能长大,那么它们在罐子里肯定就不能长大了。因此,如果它们*真的*长大了,就可以证明我是对的。不过,我敢肯定它们不会的!”

“好的,但是,我想我们需要对实验变量控制一下,我认为,仅仅在一个封闭罐里播种,是无法证明任何东西的,”艾娜说,“我想,我们应当对使用的每一件东西称重,这样当实验结束时,我们就能判断是否遗漏了什么。”艾娜以前做过科学实验,知道如何给各种配料称重,也知道如何在科学笔记本中做记录。

“有道理,”萨拉说,“如果你不怕麻烦,把每一样东西都称一遍,就请便吧,我无所谓。我敢打赌,土壤的重量将会变轻,因为植物的质量就是从*那里*获得的。”

她们称重的项目有罐子、盖子、放进罐子的土壤、加进土壤中的水,当然还有她们播在土壤中的种子。艾娜在科学笔记本中认真记录了她们所做的一切。一切准备完毕,罐子被密封之后,艾娜不忘把罐子的总重量也记录了下来。

几周过去了。密封罐里有点雾蒙蒙的,令她们吃惊的是,种子早已发芽,幼苗已经几乎触到罐子的顶部。

“快看呐!”萨拉说,“罐子被密封得严严实实,不可能有空气透进去或跑出来,然而植物长势很好。植物获得的质量肯定是来自土壤和水。”

“别着急,”艾娜说,“我们还没给这些东西称重呢。”

“究竟为什么啊?”萨拉说,“我们已经证明了空气与种子发芽或植物生长无关,难道不是吗?”

“对我而言,还没呢,”艾娜说,“我要把每一样东西再称一遍。”

“随你便,艾娜,”萨拉说。“你这是在浪费时间。密封罐重量肯定会减轻,因为植物使用了一些土壤和水。”

萨拉和艾娜把密封罐称了一下,两人不约而同地惊呼:“我的天呐!”

她们简直不敢相信自己的眼睛。“再称一次，”萨拉说，“一定是哪里出错了！”

艾娜把密封罐又称了一次，结果还是相同。两个女孩怎么也想不明白为什么会这样。

“让我们先把每样东西单独称重，然后再加起来看看结果如何。”萨拉说。

她们一一称重，加起来的结果还是那样。她们称重的项目有：土壤（因为有水而有些潮湿）；罐子；盖子；植物（现在已经长大了）。

“哎呀，现在该怎么办？”萨拉说。

“我认为，我们有必要再做一次这个实验。”艾娜说。

目的

这个故事可真吊我们的胃口！它也是一次货真价实的调查研究！这个故事有两个目的，第一个目的是研究封闭系统，因为密封罐与外部世界隔绝，所以罐子里面发生的任何事情只会用到里面的材料。第二个目的是让学生了解空气具有质量，并含有植物生长发育所需的原材料。我认为这个故事还有一个目的，让学生们对实验结果感到疑惑，从而带着疑问去找出问题的答案。

相关概念

- 系统
- 封闭系统
- 光合作用
- 发芽
- 大气成分
- 实验设计

不要惊讶

你的学生可能会对两人的调查结果感到非常惊讶。因为植物在密封罐里长大，当然自身也有重量，所以整个密封罐系统的重量肯定会相应增加！学生可能没有意识到至少有两件事情很重要:封闭系统意味着什么，空气也有质量。

内容背景

这个故事虽然也谈到种子和植物生长，但主要是讲“系统”的。不过，你可能需要一些关于种子和植物生长的信息，因此，我在本节内容中会向你提供。但是，首先让我们谈一谈关于“系统”这个概念。

“系统”是由相互作用、相互依赖的若干个体组成的一个有机整体。个体可以是物体、人、内部器官、公共汽车、植物或其他各种各样的事物。美国科学发展协会(1993)认为，系统是学习中最重要的统括性概念之一，强烈建议教育工作者把“系统”作为各级学校各门学科的一个中心概念。毕竟，我们被各种系统包围，我们生活在各种系统中，我们所教授或研究的任何东西都被包含在某种系统内。

学生们可以把系统的概念应用到他们学习的任何主题中，最重要的是，他们可以看出各种主题之间的联系。我们经常抱怨学生“只见树木，不见森林”，他们孤立地学习各个单元的内容，却不能把整本书的内容融会贯通。我相信，如果我们把各学科内容有机地串并在一个统括性的系统之中，那么我们就能更全面地了解日常生活中各种事物之间的联系。换句话说，我们就能看出，交通运输系统或政治系统涉及的内容与生态系统或消化系统存在何种关系。系统中发生的任何变化都会影响到各个组成部分。

系统通常被分为封闭系统和开放系统。实际上还有第三种类型——孤立系统，但是，它与我们在这里讨论的内容关系不大。一个封闭系统与外界*能够进行能量交换，但是不能进行物质交换*，就像故事中的密封罐系统一样。瓶子里的物质始终是恒定不变的，不能与外界环境发生相互作用。然而，阳光可以穿透玻璃罐并为里面的植物提供光合作用所需的能量。容器里盛满滚烫的液体，比如热水瓶里盛满咖啡，也是一个封闭系统。热能可以透过容器壁传递出去，最终，滚烫的液体与周围环境达到平衡，但是里面的咖啡既不能从外界吸收其他物质，也不能把自身物质释放到外界。

一个开放系统允许系统内部与外界进行物质或能量交换。我们的地球是一个开放系统，在这个系统中，一切事物都可以与其他事物发生反应。物质和能量交换每时每刻都在进行。如果故事中的罐子没有被密封，它就是一个开放系统，因为罐子里的物质和能量可以跟外界相互交换。

种子在萨拉认为不可能生长的环境中发芽并长成植株，这就给学生理解“封闭系统”的概念增加了一些难度。萨拉受流行的错误观念影响，认为空气没有质量，因此不可能成为植物生长所需的原材料之一并转化为植物自身的组成部分，即变成“植物质量”。她认为，植物的质量是利用根部吸收土壤和水的养分而得来的。她还认为，罐子里的空气含量不足，无法满足植物生长的需要。

17 世纪，简·巴普蒂斯塔·范·赫尔蒙特(Jan Baptista Van Helmont)在 200 磅的土壤中种植了一棵柳树苗，5 年后，柳树苗的质量增加了 164 磅。(很显然，他在自己的科学笔记中把重量记录了下来!)。而在这 5 年间，土壤的质量仅减少 57 克(2 盎司)。他认为，土壤质量减少与柳树质量增加的值之所以相差巨大，可能是因为他给土壤补充水分的缘故。尽管他也懂得空气中含有二氧化碳，却不相信那

164 磅主要是二氧化碳造成的。这个例子说明,当时的科学家因为观念错误而得出了错误的结论。而我们现在都知道,植物能够通过光合作用把空气中二氧化碳的碳以及利用根部吸收的水合成有机物,那 164 磅的质量就是这样得来的。植物能够利用叶绿素以及太阳能中的碳和氢制造糖,糖缩合成淀粉,然后变成纤维素,从而形成细胞的细胞壁,最终形成植物组织。这一生产过程的副产品是水和氧气,它们被释放到大气中。因此,故事中两个女孩注意到密封罐里雾蒙蒙的,这表明水因为在密封罐内壁遇冷凝结。罐子里有足够的二氧化碳来为植物生长提供必要的碳。由于密封罐是一个封闭系统,所以尽管种子发芽并长成秧苗这个变化过程很大,但是因为它们始终处于封闭系统之中,不与外界进行质量交换,因此质量是守恒的。然而,由于密封罐是透明的,所以太阳能可以从外面进入罐子内部。如果罐子内部有多余热量的话,也可以透过玻璃释放出来,因此罐子可以与外界进行能量交换。这一实验很好地诠释了什么是封闭系统。光合作用的反应方程式(包括新产生的水分子在内)为 $6CO_2+12H_2O+$(能量+叶绿素)$\rightarrow C_6H_{12}O_6+6O_2+6H_2O$。

种子需要温暖、湿润的环境才能发芽。少数一些种子(例如莴苣种子)还需要光来激活发芽所涉及的各个过程。一些枫树种子如果不发芽就只能存活几周时间。其他的种子(例如莲花种子)可以存活数千年。但是,水和能量是种子发芽的必要条件。水渗入种子,把种皮软化,为种子发芽激活一些必要的化学反应。化学反应产生赤霉酸,启动一系列相当复杂的化学步骤和基因步骤,从而使处于休眠状态的种子最终变成成熟的植物,植物成熟后又能够结出更多种子,从而完成植物的生命周期。在本章故事中,两个女孩在罐子里放入水以及植物生长的介质土壤,且室内温度适宜,阳光也能够穿透玻璃罐为种子提供能量,具备了这些必要条件,密封罐子里的种子便能够发芽,然后成长为植株。你从上述光合作用反应式可以看出,在这个过程中还会产生氧气和水,而它们能够继续为植株生长提供必要的条件。植株需要氧气来呼吸(分解养分以产生有用的能量),还需要水来生长。密封罐就是自然界的一个缩影,除非罐内发生一些变化会抑制植物生长,使生命周期中断,否则,植株生长还会持续一段时间。而在开放系统中,害虫、疾病、气候变化以及许多其他问题都会影响生态系统中的植物生长过程。然而,地球这个开放系统已经存在了数百万年,各种生命兴衰更替、绵延不绝。我们现在面临的问题是,人类的所作所为可能会给地球上的生物带来灾难性的后果。

《国家科学教育标准》(国家研究委员会,1996)的相关内容

幼儿园—12年级:统括性的概念和过程——系统

• 这个自然并被人工设计改造过的世界现在已经太大、太复杂,我们一下子很难理解它的全部内容。为了便于调查,科学家们把它分成若干小的部分,这些部分被称为"系统"。

• "系统"是由相互作用、相互依赖的若干个体组成的一个有机整体。系统有边界、组件、资源、流动(输入和输出)和反馈等。

• 在系统内部,组件之间相互作用。

• 不同级别的系统能够显示出不同的属性和功能。

• 从系统的角度考虑问题,意味着我们应当了解构成系统的子系统,了解系统的结构和功能、反馈以及平衡等,并了解开放系统和封闭系统之间的区别。

• 掌握系统中的各种规律,有助于我们理解那些能够对这个世界做出合理解释的基本法则、理论和模型等。

幼儿园—4年级:生物的特征

• 生物都有基本需求。例如,动物需要空气、水和食物等;植物需要空气、水、养分和光等。生物只有在其需求可以得到满足的环境下才能生存。

• 世界上有许多不同的环境,不同环境养活的生物类型各不相同。

• 每一种植物或动物都有不同的结构,它们在该植物或动物生长、生存和繁殖过程中发挥不同的作用。

幼儿园—4年级:生物的生命周期

• 植物和动物的生命周期包括出生、成长、繁殖和死亡。生命周期的具体细节因生物种类不同而存在差异。

• 植物或动物都跟它们的父母长得很像。

5—8年级:生物系统的结构和功能

• 处于不同层次的各个生物系统在结构和功能上具有互补性。重要的层次包

括细胞、组织、器官、完整的生物个体以及生态系统等。

5—8 年级:繁殖和遗传

• 繁殖是一切生物系统都具有的特征,这是因为,没有任何一个生物能够永生,繁殖对于每个物种的延续至关重要。有些生物采取无性繁殖方式,而有些生物采取有性繁殖方式。

5—8 年级:生物的多样性和适应性

• 数百万种动物、植物和微生物生活在当今这个世界。尽管不同物种外表形态各异,但是,通过分析生物身体内部结构的一致性、化学反应过程的相似性以及拥有的相同祖先,可以找出它们的共性。

《科学素养基准》(美国科学发展协会,1993)的相关内容

幼儿园—2 年级:系统

• 大多数东西都是由不同部件组成的。

• 如果某些部件缺失,系统可能无法正常工作。

• 当不同部件组合在一起时,它们能够做自己单独无法做到的事情。

3—5 年级:系统

• 在一个由许多部件组成的事物中,这些部件通常相互影响。

6—8 年级:系统

• 一个系统能够包含很多过程和事物。

• 从系统角度看待事物,意味着我们应当观察各个组件之间存在什么关系。系统一个组件的输出(包括能量或信息)对其他组件而言可能会是输入。我们可以利用这种反馈控制整个系统中发生的事情。

• 任何系统通常都与其他系统存在内在或外在联系。因此,我们可以认为每个系统都包含若干子系统,也可以把它看成是更大系统的子系统。

• 系统的某些输出部分可以反馈给系统的输入部分。

• 我们给一组相互关联的食物划定边界，把它们定义为一个系统，以方便对其进行研究。无论该系统的边界在何处，它仍然与它周围的环境相互作用。因此，在研究系统时，我们要注意观察有哪些东西进入或离开该系统。

幼儿园—2 年级：生物的多样性

• 有些动植物的外表或行为相似，有些则差别很大。

• 植物和动物都有各自不同的特征，能够帮助它们在不同环境中生存。

幼儿园—2 年级：物质的结构

• 一些方法可以令物质的某些属性发生变化，但同一种方法不能令所有的物质都产生同样的反应。

3—5 年级：生物的多样性

• 我们可以根据不同特征对各种各样的生物进行分类，判断哪一种生物属于哪一个类别。

• 根据不同目的，我们在对生物进行分类时依据不同的特征。

6—8 年级：生物的多样性

• 动物或植物具有多种多样的外部形状和内部结构，从而能够制造或寻觅食物并繁殖后代。

• 对有性繁殖的生物而言，一个物种包含所有能通过交配产生子孙后代的生物个体。

在幼儿园—4 年级中使用这个故事

低年级学生可以查看他们使用过或制作过的玩具及其他物品，来了解系统及其组成部分。根据两份国家标准文件，学生应到了解，玩具是由不同部件构成的，如果某些部件缺失，玩具就不能正常工作。这可以作为导入“系统”概念的范例。如果没有轮子，自行车就不能运转；如果没有电池或上弦用的发条，玩具就不能动起来。通过让学生观察玩具，辨别玩具的各个组成部分，能够培养他们对系统的意识。重要的是,低年级学生应当意识到,只有各个组成部分各司其职,整个系统才能正常运转。

小时候,我对锁着了迷,把家里房门上的大多数锁都给拆了,令父母大伤脑筋。当我想把它们重新装回去的时候,总会有一些零件多出来,当然,这些锁无法正常使用,我不得不从头再来。然而,我在这个过程中对锁的工作原理逐渐熟悉起来,这是通过其他方式无法做到的。我原以为,即使一个小部件被排除在锁这个"系统"之外,也没什么关系,然而,关系可大了。"如果想要一个系统正常运转,必须确保所有组成部分完整无缺",帮助学生意识到这一点,是他们能学到的最重要的东西之一。把这一理念推广应用到更大的系统中,意义十分重大。

你可以使用《了解学生的科学想法(四)》(2009)一书中的探究案例"它是系统吗?",从中了解你的学生对系统知识的掌握情况。具体做法是,让学生从一个列表中选择那些他们认为是系统的东西,然后解释他们这么选择的原因。在这些教学活动中,重要的是要进行讨论。老师想要了解学生的学习情况如何,最好的办法不是老师在学生面前喋喋不休,而是应当认真倾听学生的心声。你可能会听到有些学生持有自相矛盾的观点,而他自己却没意识到这一点。通过认真倾听学生的发言,你可以帮助他们看出发言中有哪些自相矛盾的地方。我以前教过一个学生,他在解释自己的观点时突然停了下来,说:"我听到了'自己刚才说的话',意识到下面要说的内容是错的。"听自己大声自言自语,这种方式往往比苦思冥想更能帮助我们理解自己的想法。此外,把你的想法写出来或者画出来也是行之有效的方法。如果你是一位作家,要把自己当成你作品的第一读者,这样才能更忠实地传达自己的心声。

你的学生可能也想做一做故事中提到的实验。一、二年级学生可能还不具备必要的技能来完成实验。三、四年级学生如果能够使用天平或电子秤,并且遵循故事提到的具体步骤,就可以做这个实验。学生在实验之前先做出预测,等到结果出来之后肯定也会大吃一惊。他们很可能想看看罐子里的微缩生态系统能够存在多久。如果你帮助他们选用那些不会长得太快、太高的植物,那么这个系统可能会存在很长一段时间。

在5—8年级中使用这个故事

高年级学生肯定会跟低年级学生一样对实验结果感到惊讶，或许你也不例外。如果你们预测密封罐系统重量最终将会增加，这似乎是在情理之中的事情。而实际结果是，密封罐中的种子从发芽到长成秧苗，却不会给整个系统增加任何重量，这似乎有违我们的直觉。秘密就在于罐子系统是一个封闭系统。你应当让学生把注意力放在"封闭系统"这个概念上，让他们弄明白：没有任何东西进入罐子或者从罐子出去，因此罐子重量不会发生任何变化。

本章故事的创作灵感来源于《了解学生的科学想法（三）》（2005）的探究案例"密封罐里的秧苗"。由于该探究案例跟本章故事十分相近，你可能会觉得再使用该案例似乎有些多余，不过，你可以把它用作对学生的形成性评价工具。你在使用该案例时应当重点关注的地方是：对于密封罐系统重量没有增加的原因，学生是如何用自己的话来解释的。

当学生决定要做本章故事描述的实验时，你可以借机跟他们谈一谈系统的概念，让他们利用集体智慧说出尽可能多的不同系统。这是介绍科学术语的最佳时机，因为它们在具体语境中便于理解与记忆。高年级学生都能够熟练使用天平，他们可能想在实验前以及实验后对各种物质分别称重，而且会对结果反复核实。我发现，他们之所以对实验结果表示怀疑，是因为受错误的前概念影响太深，即使实验结果铁证如山，单凭一次这样的实验也往往很难改正。如果有些学生一时还无法摒弃错误的前概念，你也不用气馁。相反，你应当庆幸自己为建造科学大厦又增添了一块砖瓦，学生最终将会欣然接受科学的新概念。罐子里的空气竟然具有质量并且最终变成了秧苗自身的组成部分，这在一些学生的眼里简直是无稽之谈。而如果你讲完这个故事之后，紧接着在下一节内容讲光合作用，我相信你的学生就会比较容易接受这些概念，因为他们已经亲眼看到了结果：空气中的二氧化碳是碳的来源，通过植物的光合作用被变成淀粉和糖，最终被变成纤维素。

我向你推荐一个关于光合作用的视频，内容是节目主持人在采访一名学生时发现他对光合作用一无所知，网址为 www.learner.org/resources/series26.html，视频名称为"稀薄空气给我上一课"。你可以从中看出，想要纠正学生对空气和质量的前概念有多难。

相关书籍和美国科学教师协会期刊文章

Keeley, P, 2005. *Science curriculum topic study: Bridging the gap between standards and practice.* Thousand Oaks, CA: Corwin Press.

Keeley, P., F. Eberle, and L. Farrin. 2005. *Uncovering student ideas in science, volume 1: 25 formative assessment probes*. Arlington, VA: NSTA Press.

Keeley, P., F. Eberle, and J. Tugel.2007. *Uncovering student ideas in science, volume 2: 25 more formative assessment probes*. Arlington, VA: NSTA Press.

Keeley, P., F. Eberle, and C. Dorsey. 2008. *Uncovering student ideas in science, volume 3: Another 25 formative assessment probes*. Arlington, VA: NSTA Press.

Keeley, P., and J. Tugel. 2009. *Uncovering student ideas in science, volume 4: 25 new formative assessment probes*. Arlington, VA: NSTA Press.

Konicek-Moran, R. 2008. *Everyday Science Mysteries: Stories for inquiry-based science teaching*. Arlington, VA: NSTA Press.

Konicek-Moran, R. 2009. *More everyday science mysteries: Stories for inquiry-based science teaching*. Arlington, VA: NSTA Press.

Konicek-Moran, R. 2010. *Even More Everyday Science Mysteries: Stories for inquiry-based science teaching*. Arlington, VA: NSTA Press.

参考文献

Annenberg Media. 2009. Lessons from thin air. Minds of Our Own. *www.learner.org/resources/series26.html*

Keeley, P., and J. Tugel. 2009. *Uncovering student ideas in science: 25 formative assessment probes, Volume 4*. Arlington, VA: NSTA Press.

物理学

核心概念	甜言蜜语	冷静点	融化的聚会	歪斜的秋千	饼干的困境	卡住了!
融化	×		×			
溶解	×					
温度	×	×	×			×
状态变化	×	×	×			
混合物	×	×			×	
溶剂	×					
溶质	×					
热	×	×	×		×	×
热能	×	×	×		×	×
温度计		×				
热量计		×				
传导		×	×			×
平衡		×	×			
导热性			×			×
周期运动				×		
问题解决	×	×	×	×	×	×
模型建构		×		×		
问题分析	×	×	×	×	×	×
创造性				×	×	
系统	×	×	×	×	×	×
化学反应					×	

续 表

核心概念	甜言蜜语	冷静点	融化的聚会	歪斜的秋千	饼干的困境	卡住了!
摩擦						×
静摩擦				×		×
动摩擦						×
净力						×
力						×
相互作用	×	×	×		×	×

第十四章
甜言蜜语

你可能还记得“冰茶”[《日常科学之谜(二)》]这个故事里的姐妹俩丽萨和卡罗琳。让我们回到她们家的走廊，再去听一听两人关于往冰茶里加糖的另外一段对话。这段对话能够让我们注意到另一个日常科学谜题以及两个令很多人混淆不清的词语(溶解和融化)。

卡罗琳正在发疯似的搅拌着冰茶。

“你在干什么呀?”丽萨问。丽萨虽然比卡罗琳大好几岁,但是经常会来找妹妹一起玩。她正坐在走廊的秋千上,拿起指甲油开始涂指甲。

“我在让这些糖融化啊!”卡罗琳回答,“让塘在冰茶里融化比在热茶里难多了!”

“实际上,你不应该说‘融化’,你应该说‘溶解’。或者说,你是拼命想让它溶解,”丽萨说,她喜欢中学的化学课。

“融化,溶解……有什么区别吗?”

“如果你知道它们之间的区别,恐怕就不会在那里白费功夫了!”丽萨说,“你说说看,哪些东西能够融化?”

“冰淇淋、冰块、我嘴里的糖果、热茶里的糖、巧克力,还有……反正还有很多东西啦!”

“嗯,你说的这些几乎都算对吧,”丽萨说。她继续涂指甲,过了一会儿说道:“那么,你再说说哪些东西能够溶解?”

“两者难道不一样?”卡罗琳问道,闷闷不乐地看着杯底尚未融化的糖正在打旋。

“不一样。这样吧,我给你一点提示。你那么聪明,肯定能够明白哪些东西会融化、哪些东西会溶解。”

“试试看,”卡罗琳说,“也许仅凭小聪明是不够的。”

“想一想你把糖放进冰茶里以及你看着冰淇淋往下滴水,这两者有什么区别?提示是,在哪一种情况下东西‘消失’了,而在哪一种情况下东西依然‘存在’?”

“如果我能解开这个谜底,就能让冰茶变甜吗?”卡罗琳问道。

“我想是吧,但也不一定。你想跟我打个赌吗?”丽萨问,冲着妹妹狡黠地笑了笑。

目的

这个故事的目的是，让学生了解融化与溶解这两个大相径庭的物理变化过程，从而帮助他们进一步了解其他各种物态变化。

相关概念

- 融化
- 溶解
- 温度
- 状态变化
- 混合物
- 溶剂
- 溶质

不要惊讶

无论在儿童还是成人中间，“溶解”和“融化”都是最容易被搞混的概念。很多儿童认为，一种物质在溶剂中溶解之后就不复存在。即使它们仍然能够*尝到*溶解在饮料中的糖的甜味，但是，由于他们看不见糖，就觉得糖不复存在。事实上，如果你问一问儿童，把糖添加到水里会不会增加水的重量，许多孩子都会回答“不会增加”。这种不懂质量守恒定律的情况在小学生中间非常普遍。

内容背景

溶解

如果我们把一种物质放到溶剂（例如水）中，它就会“溶解”，变成溶解后形成的混合物的组成部分。这其中涉及溶质和溶剂两个概念。溶质是指被溶解的物质，而溶剂是指能够溶解溶质的物质。结果，我们得到的是溶质和溶剂的混合物，而这个过程属于物理变化，是可逆的，因为我们能够把溶质重新恢复成为溶解前的晶体形式。例如，当我们把糖或盐等溶质加入到水中时，溶质能够被水分解成非常小的分子,而这些分子均匀地分布在溶剂之中,由此形成的混合物被称为“同质混合物”。这意味着,无论你从容器中哪个地方取样,糖分子与水分子的比值都相同。当然,有时候,由此形成的混合物也可能是“异质混合物”,例如,混凝土中碎石和沙子的分布往往不是那么均匀,因此属于异质混合物。

混合物表现为几种形态:气体溶解于液体(碳酸饮料),气体溶解于气体(空气中的水蒸气),以及固体溶解于固体(汞齐)。在我(可能是你爷爷辈)小的时候,牙医常常用水银和银的混合物(汞齐)来补牙。经过一段时间之后,水银就会析出,留下一种坚硬的固体填充物——银。水银从汞齐析出后只有一个去处,进入我们的身体。后来,人们知道水银对身体有害,便通过立法形式禁止在我们接触到的东西中使用水银。

不同液体溶解固体的速度快慢不同。温度也会影响溶解速度。溶质在温度高的溶剂中溶解速度更快。你还记得在“冰茶”(第十八章)那个故事中,卡罗琳认为她在冰茶中想溶解多少糖就能溶解多少,而姐姐丽萨知道这是不可能的,于是便向卡罗琳提出挑战,要她证实自己的说法。冷的溶剂“冰茶”溶解少量糖之后就达到饱和状态,无法继续溶解更多的糖,卡罗琳认识到这一点后感到既惊讶又惭愧。温度会对一些溶质产生影响,并非对所有溶质都是如此,例如,盐受温度影响的程度就没有那么大。

溶质颗粒大小也会影响溶解的速度。这一问题可以通过实验加以验证,例如,我们可以使用方糖来做实验,把方糖的溶解速度跟砂糖、在研钵里用杵碾碎的砂糖以及粉糖进行比较。

融化

融化与溶解是两个完全不同的概念。融化是一种物理变化,涉及热量转移以及物质从固态变成液态的过程。任何物质从固态转变成液态,再转变成气态,都需要热量。我们从冰淇淋或冰块的融化过程中可以很容易看出来物质的状态发生了变化。

水是借助热量发生状态变化最典型的例子,能够从固态(冰)变成液态(水),再变成气态(水蒸气)。有些物质的状态需要极高或极低温度才能发生变化。在少数情况下,某些物质(例如干冰,又称“固态的二氧化碳”)能够直接从固态变成气态,这一过程被称为“升华”。如果你有机会在室温状况下见到干冰的话,就会看到它不需要首先变成液态，而是直接变成气态的云雾。还有少数金属在室温状况下呈液态，例如水银。

由此可见，融化与溶解完全是两码事。有些学生认为，他们在吮吸棒棒糖（或糖块）的时候棒棒糖发生融化现象，这表明他们并没有理解融化与溶解的区别。你可以帮助他们弄明白，棒棒糖跟糖一样，只是糖被杯里的水溶解，而棒棒糖被人的口水溶解。当他们嚼口香糖的时候，也会发生同样的事情，口香糖里面的糖在被口水溶解之后又被人咽下去。

学生都见过冰淇淋融化现象，他们都知道要尽快吃掉，不然冰淇淋融化以后就会把身上弄得到处都是。如果你把一个冰块放入水中并说冰块"融化"了，而你把一颗方糖放入水中并说方糖"溶解"了，学生很难理解这两者究竟有什么区别。其实，冰块是结了冰的水，它在吸收热量以后由固态（冰）变成液态（水），因此只能说它"融化"，而不能说它"溶解"。

《国家科学教育标准》（国家研究委员会，1996）的相关内容

幼儿园—4 年级：物体和物质的属性

• 物体具有很多可见的属性，包括尺寸、重量、形状、颜色、温度以及与其他物质产生反应的能力。

• 物体是由一种或多种材料组成的，例如纸、木材以及金属等。

• 物质以不同形态存在——固态、液态和气态。加热或冷却可以使一些常见物质从一种形态变为另一种形态，例如水。

5—8 年级：物质的属性和属性变化

• 物质都具有各自的属性，例如密度、沸点或溶解度等，这些属性和样本的数量无关。我们往往可以利用一种或几种属性，把混合在一起的不同物质还原成它们原来的样子。

《科学素养基准》(美国科学发展协会,1993)的相关内容

幼儿园—2 年级:物质的结构

• 我们可以通过某些方式改变物质的属性,但是,不同物质对这些方式的反应不尽相同。

幼儿园—2 年级:地球

• 水可以是液体也可以是固体,还可以在这两种状态之间来回转换。如果水结成冰,然后冰再融化,那么融化后水的总量跟结冰前相同。

3—5 年级:物质的结构

• 加热和冷却能够引起物质属性发生变化。

6—8 年级:物质的结构

• 原子和分子处于永恒运动之中。在液体中,原子或分子具有较高的能量,受到的束缚没有固体那样大,相互之间可以滑动。

在幼儿园—4 年级中使用这个故事

你可以使用《了解学生的科学想法(一)》(2005)中的探究案例"它在融化吗?"。该案例要求学生从各种选项中分别选出哪些属于融化、哪些属于溶解现象。你在开始讲本章故事之前,可以利用该案例作为形成性评价工具了解学生对这两个概念是如何理解的。需要强调的是,这种探究案例并不是给学生出的考试试卷,而是帮助你在制订"下一步"教学计划之前了解学生真实水平的工具。在了解到学生的迷思概念水平之后,你才能采取针对性的措施予以纠正。

向学生介绍"融化"概念的一个好办法是,组织他们进行一场冰块融化比赛。我曾经给每一名学生一个放在杯子里的冰块,允许他们使用一切手段来让冰块融化,但是身体任何部位都不能与冰块接触。你可以把这项活动当作嵌入式形成性评价工具,因为通过观察学生在活动中的表现,你就能够了解他们是不是真正懂得

融化知识。

最近，我在尝试使用另一种方法，看一看学生是否能够认识到冰块放到水里之后发生了什么变化。我给每一名学生一烧杯的水，然后再给每人一个用食用色素染成绿色的冰块（染色冰块制作方法如下：首先在制作冰块模具底部放置少许食用色素，然后加水并把混合溶液摇匀，放在冰箱里冷冻）。当我把染色冰块放入水里的时候，学生能够清楚地看到融化了的绿水下沉到容器底部（请记住，冷的物质下沉，热的物质上升）。

经过一段时间，绿色的冰水温度略微升高，就会开始在烧杯中循环，并逐渐与周围的水融合在一起。如果你从烧杯中采集一份水样，水样蒸发之后，绿色的色素就会残留下来，这表明原先烧杯里的水是混合物，因为食用色素是溶解在水中的，通过蒸发能够被分离出来。这个实验一举两得：融化和溶解两个过程同时发生。学生可以通过对比来区分这两个过程。学生可以观察到，食用色素在冰块融化过程中逐渐下沉到烧杯底部（底部水层温度较低），然后又在对流的作用下逐渐上升，直到烧杯里水温最终达到平衡为止。整个过程既妙趣横生，又令人兴奋不已。

在盛有冷水的杯子里放入一块糖果，糖果将会在水中溶解，而溶解过程几乎不需要热量。

如果你认为班里学生需要了解更多关于物质属性的知识，我向你推荐帕尔梅里（Palmeri）等（2008）在《科学和儿童》杂志发表的一篇文章“老师如何才能让学生对物质不再‘无知’？”

在5—8年级中使用这个故事

高年级学生会发现，上一节提到的探究案例对他们而言同样具有挑战性，你可以从他们的答案中了解学生对溶解和融化的认知水平。如果学生自认为对溶解和融化概念烂熟于心，你可以让他们想办法如何帮助低年级学生区分这两个词。一个人在制订教学计划时，自己能够从中学到很多东西，我想很多人对此都深有体会。

你的学生可能想要尝试在冷水中溶解各种不同的干燥溶质，例如可可粉、速溶咖啡或糖等。然后，他们还想再尝试在热水中溶解这些东西。

如果很多学生已经对融化与溶解的区别了如指掌，你可以尝试一个屡试不爽的活动,保证会促使他们对这一问题进行重新思考。你可以在冰块上部撒一些盐,这些盐会在冰块上部的水(那里总是会有少量的水)里溶解,由此导致该冰块融化速度比没撒盐的冰块更快一些,这是因为融化在水里的盐降低了冰点温度。你还应当准备一个控制组,以方便学生对两组冰块进行对照。学生可能会从这个实验联想到人们往公路上撒盐以加快冰雪融化速度的做法,他们都曾听说过这一做法,却从未有机会自己动手去验证一下,而现在你把整个过程真真切切地呈现在他们面前。在开展这项活动之前,你最好先问一问学生,如果把一勺盐放在冰块上面会怎样。你应当让学生把自己的预测以及理由都记录在科学笔记本上,而你把这些内容写在黑板上或"我们的最佳思维榜"上。这一活动的主要目的是引发学生就溶解与融化问题展开讨论,因为盐在水里是*溶解*,而冰块在水里是*融化*。学生可能会想到:如果多加盐,冰块融化的速度是否会更快一些?你可以准备几个冰块,分别在上面撒上数量不同的盐,这样就能够引发学生就"冰块竞赛"展开热烈讨论。

让学生以卡罗琳的口吻解释糖在冰茶里究竟是融化还是溶解,从而为这个故事续写结局。对你而言,你可以借此机会对学生进行评价;对学生而言,他们可以借此机会提高自己的元认知(对自己的思维方式进行反思)水平,并提升自己的科学素养。

相关书籍和美国科学教师协会期刊文章

Keeley, P, 2005. *Science curriculum topic study: Bridging the gap between standards and practice.* Thousand Oaks, CA: Corwin Press.

Keeley, P., F. Eberle, and L. Farrin. 2005. *Uncovering student ideas in science, volume 1: 25 formative assessment probes*. Arlington, VA: NSTA Press.

Keeley, P., F. Eberle, and J. Tugel.2007. *Uncovering student ideas in science, volume 2: 25 more formative assessment probes*. Arlington, VA: NSTA Press.

Keeley, P., F. Eberle, and C. Dorsey. 2008. *Uncovering student ideas in science, volume 3: Another 25 formative assessment probes*. Arlington, VA: NSTA Press.

Keeley, P., and J. Tugel. 2009. *Uncovering student ideas in science, volume 4: 25 new formative assessment probes*. Arlington, VA: NSTA Press.

Konicek-Moran, R. 2008. *Everyday science mysteries: Stories for inquiry-based science teaching*. Arlington, VA: NSTA Press.

Konicek-Moran, R. 2009. *More everyday science mysteries: Stories for inquiry-based science teaching*. Arlington, VA: NSTA Press.

Konicek-Moran, R. 2010. *Even more everyday science mysteries: Stories for inquiry-based science teaching*. Arlington, VA: NSTA Press.

参考文献

Keeley, P., F. Eberle, and L. Farrin. 2005. Is it melting? in *Uncovering student ideas in science, volume 1: 25 formative assessment probes*, 73–77. Arlington, VA: NSTA Press.

Konicek-Moran, R. 2009. Iced tea. In *More everyday science mysteries*, 169–177. Arlington, VA: NSTA Press.

Palmeri, A., A. Cole, S. DeLisle, S. Erickson, and J. Janes. 2008. What's the matter with teaching children about matter? *Science & Children* 46 (4): 20–23.

第十五章
冷静点

一个周末下午,胡安和埃斯特班坐在餐桌前写作业。跟平常一样,胡安习惯性地把题目大声读出来。“如果你有半杯装在泡沫塑料杯里的25℃水,把这半杯水倒入另外半杯装在泡沫塑料杯里温度相同的水,那么这一整杯水的温度是多少?”他停下来想了一会儿,“你知道,斯蒂夫,如果你把相同温度的水加到杯子里,杯子里水的温度肯定会保持不变,这是个常识问题。但这似乎太简单了。”

“你说得对,这里面肯定有陷阱。你知道,老师都爱耍这些防不胜防的小把戏,”埃斯特班说。

“也许你应该把两个温度加起来,这样结果就是50℃。”

“也许是这样。但是50℃似乎太热了!好像有点不对劲。我知道怎么给可可饮料降温,加凉牛奶就行了。但是牛奶和可可的温度不一样,因为凉牛奶是从冰箱里拿出来的。”

“嗯,”胡安说,“你只需要加一点凉牛奶,就能让热可可饮料降温。”

“现在,看看下一个问题。题目要求我们预测,把温度相同但数量不同的水混合以后水温会怎样?”埃斯特班说,“这似乎跟上一个问题一样,但是我们需要考虑水的数量。”

“我能想象得出,这些问题肯定会越来越难的!你瞧,下一个问题要求我们预测,把数量相同但温度不同的水混合以后温度会怎样?我明白出题人的意图了!”

“那么,水的数量多少究竟有没有影响呢?”胡安问,“我认为温度肯定是有影响的,而现在又要考虑水的数量,我的脑袋简直要爆炸了。”

“也许我们可以把水混合在一起,用温度计测一下不就知道了吗?”

“好主意,伙计!”埃斯特班说,“正好厨房里什么都有,我们肯定能找出问题答案。我们可以从中找出一定的规律,不必每一个问题都去做实验,也能预测它们的答案!我认为,这一点我们还做得到。我跟你说怎么办,你用那些铝杯,我用这些玻璃杯,把水混合起来就知道答案了。可是我们没有泡沫塑料杯,但那又有什么关系呢?”

目的

这则故事有两个目的。一是帮助学生学习热能转移的动力学；二是让学生了解如何对实验结果进行预测，以及如何收集实验数据并把它们绘制成图表。

相关概念

- 热
- 热能
- 热量计
- 均衡
- 温度
- 温度计
- 传导
- 绘图

不要惊讶

你的学生可能无法区分"热量"和"温度"这两个概念。人类用了 2 000 多年才弄明白两者之间的区别。所幸的是，学生有你这样的老师悉心指导，还有数百年来人类在该领域坚持不懈研究的智慧结晶，他们应该不难学会分辨两者的区别。学生可能也不明白，热传递是指能量从较热物体向较冷物体转移的过程。完全有可能的情形是，即使是在中学阶段，很多学生并不知道科学界再三强调的一个事实：热量总是从较热物体向较冷物体转移，而反过来则不成立。

儿童对热量和温度存在很多错误认识，一个典型的例子是，儿童可能会认为热量是那些能够给我们保暖的物体散发出来的，比如说手套或毯子等，参见沃森和科尼赛克(1990)撰写的一篇关于这一迷思概念的文章，网址为 www.exploratorium.edu/ifi/resources/workshops/teachingforconcep.html。

内容背景

有些学生一心只想着如何"搞定老师"，而不是"搞定问题"，故事中的两个孩子就是典型代表！实际上，当学生遇到包含许多数字的问题时，往往就会把这些数字相加(减、乘或除),而不是认真思考题目给出的具体条件。如果学生认为热量和温度是一回事,那么他们就没办法解决作业中的问题。

热量

很多儿童和成人都认为热量只不过是一个数字:数字大意味着热,数字小就意味着冷。实际上,热和冷是两个不同的东西,它们一旦在某种物质中相遇,就会拼个你死我活,直至一方胜出为止。我们经常让别人把门关上,目的是“把寒冷关在门外”,而实际上我们应该说“把热量关在门内”。这就是日常语言不严谨给人们造成认知错误的一个例子。我们在本章故事需要探讨的是热力学定律,“热力学”这个名字听起来高深莫测,其实浅显易懂。热传递的定义是“动能从较热物体向较冷物体转移的过程”。热量通常被称为“热能”,是一切物质都具有的属性,因为物质的分子永远处于运动之中。物理学家告诉我们,当一个物体不能被提取出任何热量时,他们就说它达到了绝对零度,尽管如此,这个温度即使在实验室也不可能达到。他们已经非常接近绝对零度,但是还差那么一点点。

我们都听说过热力学第一定律,“能量既不能凭空产生,也不能被毁灭”,这话很有道理。不过,能量可以从一种形式转化为另一种形式,也可以从一个地方转移到另一个地方,主要方式有三种:传导(物体直接接触)、辐射(太阳或电暖器等辐射体向外辐射能量)以及对流(能量通过水流或气流等在液体或气体中流动)。

就传导而言,一种物质中运动着的原子和分子猛烈撞击、推搡另一种物质中运动着的原子和分子传递,在这一过程中把能量传递给对方。直到能量在“给予者”和“接收者”之间达到均衡时,传递过程方告结束。实际上,这种传递永远不会真正结束,因为不同物体的温度时刻处于变化之中,所以能量传递过程始终会继续下去。

如果你站立在阳光下或火炉旁,就会感受到红外能量波向你袭来,使你感到辐射热的存在。一切物体都在不同程度上向外散发辐射热能,不需要空气作为介质来转移热能。太阳是一个有力的证据,因为作为辐射热源的太阳能够通过几乎为真空的太空把热能传递到地球上。

为了更好理解对流,你可以考虑下面一个例子。假设你有一锅水,你把它放在燃气灶上,然后打开燃气灶开关,锅底就会从灶火吸收热能,而锅底通过对流方式把热能转移到水中。锅底的水逐渐升温后密度变得比其他部分的水密度低，因此就会上升到锅的上部。原先在锅上部相对较凉的水就会下沉到锅底，而这部分水在升温之后又会上升到锅的上部。与此同时，原先上升的热水温度有所下降，因此又会下沉到锅底，然后再次升温。整锅水就这样一直循环运动下去，直到一锅水获得的热能达到均衡。在一个房间里也会发生同样的事情，因为物理学家认为，空气的行为跟液体一样。固体不能发生对流现象。

温度

温度是人们用来测量热能变化的数值。温度是一个人为确立的概念，我们现在使用的主要有三种温度测量标准（温标）：华氏、摄氏和开氏温度，均以其发明者的名字命名，以大写的人名首字母来表示。

- 华氏温度是加布里埃尔·华伦海特 1719 年制定的测量温度标准（水的沸点为 212℉，冰点为 32℉）
- 摄氏温度是安德斯·摄尔修斯 1742 年制定的测量温度标准（水的沸点为 100℃，冰点为 0℃）
- 开氏温度是苏格兰的开尔文勋爵威廉·汤姆森 1848 年制定的测量温度标准（绝对零度为 0K（−273℃），水的沸点为 373℃，冰点为 273℃）

注："绝对零度"被定义为一个物体不能被提取出任何热量时所处的温度，或者按照某些科学家的说法，物体在其所有分子运动停止时所处的温度。如前所述，这一温度在实验室条件下尚无法达到。

1596 年，伽利略发明了验温器。1611 年，桑托里奥·桑托里奥（Santorio Santorio）在验温器的基础上增加了刻度，此后，这种测量温度的仪器才逐渐流行开来。这种仪器只能根据浸泡它的液体膨胀程度，显示出温度是上升还是下降。在接下来的几个世纪里，又有一些被称为"温度计"的仪器问世，然而，除非科学家们采用某种公认的刻度或者标度标准，否则这些温度计测量的结果毫无用途。1724 年，华伦海特以人们都比较熟悉的事物为基础，并框定几个参照点（比如水的冰点和沸点），制定了华氏温度标准，这一标准在几个国家依然沿用至今。摄氏温度则把水的冰点规定为零度，沸点规定为100度，这样计算起来比较容易，1948年被确定为标准温标。开尔文勋爵在制订温度测量标准时把绝对零度也考虑进来。因此，温度计和温度测量工具算不上是一种发明，它们只是多年来经过一系列改造与改良，逐渐“进化”出来的人造物品。

假设有一锅开水，如果你想测量水温，只能把温度计放在某一个位置，测出的并不是整锅水的热能总量，而只是在那一位置撞击温度计的水分子的平均动能。还以水为例，一杯开水(100℃)和这杯水中任意一滴水的温度是一样的，尽管如此，我可以允许你把一滴水滴在我的手上，但是我绝不允许你把整杯水倒在我的手上。这是因为一杯水由无数滴水组成，它的热能总量比一滴水大得多，整杯开水的热能肯定会给我的手造成严重伤害，而一滴开水只会让我感觉如针刺一下。因此，我们测量热能时最好使用卡路里或焦耳等单位，详见下文。(**警告**：千万不要让学生做这样的尝试！你可以把它当作一个教学范例，但是绝不能让学生玩任何沸腾的液体。可能会造成严重后果！)

儿童(甚至还有很多成人)经常会把热量和温度搞混，因为一种物质中的热能(或动能)发生变化，其温度也随之发生变化。但是温度测量的只是物质的动能，而热能测量的是该物质的全部能量，其中包括势能(详见下文)。直到1761年苏格兰科学家约瑟夫·布莱克澄清了热量和温度是两个不同概念，科学才得以继续发展。如果科学家不能区分这两个概念，他们就无法解释与此相关的很多问题。约瑟夫·布莱克的理论给热力学发展铺平了道路。

测量热能

首先，我再次重申，一切物质都是由永远处于无规则运动之中的分子和原子构成的，这意味着一切物质都具有动能(动能就是运动的能量)。你看不见分子和原子，同样也看不见这些分子或原子的运动，但是根据流行的理论，一切物质都是由这些运动粒子构成的，也就隐含着能量。运动越剧烈，热能就越多。

我们通常所说的热量其实是指“热能”。热能是指任何一种物质内部所有能量的总和，其中包括分子和原子中的动能以及物质的势能(这个问题非常复杂，我们就此打住)。我们通常说物质含有热量，这种说法其实并不确切，物质并不“含有”热量，它只是含有不断运动的分子，而分子具有动能以及分子间相互作用而产生的势能。热能从一种物质向另一种物质流动，在此过程中被传递的是动能。这似乎有些吹毛求疵，但是热力学讲究的是准确。当两个物体相互接触的时候，热能总是从动能多的物质向动能少的物质流动，换句话说，热能总是从较热物体向较冷物体转移。这种热能转移过程会一直持续下去，直至两个物体所有部分的温度相同为止，这时，我们就说两个物体温度达到了均衡。

测量热能的公认单位是卡路里（用小写字母 c 表示），卡路里的定义是“把 1 克水升高 1 摄氏度所需要的热量”。如果你看到卡路里用大写字母 C，则表示“千卡”，也就是把 1 千克水升高 1 摄氏度所需要的热量。你可能也见过有人采用英制热量单位（British Thermal Units，简称 btu's）测量热能，这一单位的定义是“把 1 磅水升高 1 华氏度需要的热量”。（有趣的是：焦耳现在被公认为国际热量单位，美国除外。1 焦耳是指“1 牛顿的力把物体移动 1 米所做的功”，焦耳也可以用来指能量。这个问题也非常复杂，我们就此打住，但是你有必要对常用术语有所了解。）

你可能比较熟悉用来测量食物所含热量的单位卡路里。任何食物都有可能释放热能，尤其是这些食物在燃烧中或是在你的血液中跟氧气结合的时候。我们把不同食物放在热量计（热量计测量的是 1 卡热量能够把多少克水升高 1 摄氏度）中燃烧，可以测定它们含有的热值多少，也许你可能更在意的是，食物中的热量又让你体重增加了多少。

大家都知道，当我们在一个房间里触摸不同物体的时候，就会感觉有些物体比其他物体更热或更凉，这是因为一些物体比另一些物体导热性更好。如果这些物体在室内放置了很久，那么它们的温度应该已经达到均衡。当我们触摸一个导热性好的物体（比如金属）时，热量很快从我们的手传导到那个物体，因而我们感觉它比导热性差的物体（比如木头或布）更凉一些。换句话说，我们的手非常容易被欺骗，不适合当温度计。同理，如果你想通过利用自己的手触摸额头来看看自己有没有发烧，肯定行不通，因为你的手和额头温度可能相同，两者之间没有热传导。即使你的手比额头凉，热量也会从额头流动传导到手上，因此你无法弄清楚自己真正的体温是多少。

另一个关于导热性能好坏的例子是冰箱。铝杯比玻璃杯中的果汁冷却速度快得多。物理学家说，铝比玻璃的比热（简单地说，比热是指物体升温或降温时吸收或散发的热量）低。铝杯允许热量轻易离开果汁，而玻璃杯不允许热量那么迅速离开，反之亦然。一旦你把铝杯和玻璃杯装的果汁同时从冰箱里拿出来，那么前者吸收热量速度也更快,因而其温度很快就会比后者高。

水因为需要吸收大量热能才能提高自身的温度,所以其比热非常高。同理,水散热速度也非常慢,装在热水袋里的水需要很久热量才能散发出去,因此适合用作保暖工具。

无论属于哪一种情况,热力学都是你日常生活的一部分。热能及其流动方式在很多方面都非常重要,我们需要对此深入了解,利用所学知识节约我们的金钱和能源。

《国家科学教育标准》(国家研究委员会,1996)的相关内容

幼儿园—4 年级:物体和物质的属性

• 物体具有很多可见的属性,包括尺寸、重量、形状、颜色、温度以及与其他物质产生反应的能力。我们可以利用直尺、天平或温度计等工具对这些属性进行测量。

• 物体是由一种或多种材料组成的,例如纸、木材以及金属等。

• 我们可以借助构成某物体的物质属性对其进行描述,也可以利用这些属性对一组物体或物质进行区分或归类。

幼儿园—4 年级:光、热、电和磁

• 热的产生有多种方式,例如燃烧、摩擦或两种物质的混合等。热可以从一个物体转移到另一个物体。

5—8 年级:能量转移

• 能量是很多物质的属性之一,与热、光、电、机械运动、声音、核能或化学变化的性质有关。能量转移有多种方式。

• 热量转移具有可预见性,总是从较热物体向较冷物体转移,直到两者达到相同的温度。

《科学素养基准》(美国科学发展协会,1993)的相关内容

幼儿园—2 年级:能量转化

• 太阳给大地、空气和水带来温暖。

3—5 年级:能量转化

• 把较热物体和较冷物体放在一起,前者失去热量,后者吸收热量,直到两者达到相同的温度。较热物体可以通过直接接触或相隔一定距离使较冷物体变暖。

• 有些物质的导热性能比其他物质好。不良导体能减少热量损失。

6—8 年级:能量转化

• 热量可以通过原子碰撞在物质之间转移,或者通过辐射在空间中传播。如果是液态物质,其内部会产生对流,有助于热量转移。

• 能量以不同形式存在。热能是分子的不规则运动。

在幼儿园—4 年级中使用这个故事

我通常会使用《了解学生的科学想法(二)》(2007)一书中的探究案例"混合的水",让学生把自己对"把不同温度的液体混合起来会出现什么结果"之类问题的看法说出来。该案例要求学生预测,把两杯数量相同但温度不同的水混合以后温度会出现什么变化。你可以借机了解学生是只知道玩数字游戏,还是知道混合后水的温度应当介于原来那两杯水的温度之间。

针对幼儿园—2 年级学生,你可以把这个案例的问题稍微改动一下:混合后水的温度是否会跟原先两杯水的温度都不同?你可以使用两杯温度在室温上下的水(这样对学生没有危险),问一问学生两杯水混合以后温度会怎样。你可以借机向学生介绍"热能"这个概念,并对他们说"热能从一杯水向另一杯水转移"。由于混合后水的温度要比原先较凉的那杯水温度高,你可以引导他们得出"热能是从较热的水向较凉的水转移的"这样一个结论。

你可以问一问学生,他们在日常生活中见过哪些物体温度升高或降低,背后的原因是什么,然后把他们的陈述列举出来。根据我们的教学经验,这份清单大致如下:

- 水在太阳下温度会上升。
- 沙子在太阳下温度会上升。
- 我们的房子在太阳下温度会上升。
- 金属在太阳下温度会上升。
- 物体在冰箱里温度会下降。
- 有些东西比其他东西升温或降温速度快。

你可以很容易把学生的陈述变成需要调查的问题,例如:水在太阳下温度会上升吗?有些东西是否比其他东西升温或降温速度更快?这样,学生就可以围绕这些问题进行预测、做实验并得出结论。我建议你读一读《科学和儿童》杂志的一篇文章"加热,冷却"(Damonte,2005),深入了解教师如何指导学生积极参与科学研究活动。该文作者以沙子和水等常见的东西为例,就教师如何指导学生对热能(尤其是比热差异)进行科学探究提出了很多实用建议。

三、四年级学生通常都懂得如何读取温度计,因此能够用具体数字记录实验中的各种温度变化。你如果有带探头的数显温度计,就能够把温度变化数值存储温度计中,方便一一读取;如果没有,使用简单的温度计并让学生在科学笔记本上把数值逐一记录下来,同样能够激发学生展开热烈讨论。你还可以利用这个机会向学生介绍如何把实验结果用曲线图表示出来。在下一节"在5—8年级中使用这个故事"中,我会详细谈一谈如何绘制曲线图的问题。你甚至还可以让三、四年级的学生尝试一下下一节描述的如何使用热量计做实验的活动。

在5—8年级中使用这个故事

不久前,我与马萨诸塞州斯普林菲尔德市一群才华横溢的中学教师们共同度过了难忘的一天,共同探索了热能和热传递的话题。他们对一些探究活动和理念很感兴趣,有意在自己的课堂上付诸实施,而我便是为此而来。初中生有能力收集实验数据并把结果用曲线图画出来,然而,他们在这一过程中可能会遇到一些疑惑不解的地方,此时他们最容易听得进老师的话,我们应当充分抓住这一"难得的"机会给他们答疑解惑。

在学生再现故事中提到的几个情景之后,你可以问一问他们是否清楚热能流向了什么地方。下面一个简单的热量计实验活动能够测量出热能从一个绝缘容器转移到另一个绝缘容器的数量。图 15.1 帮助你如何制作实验装置，该实验所需材料有：

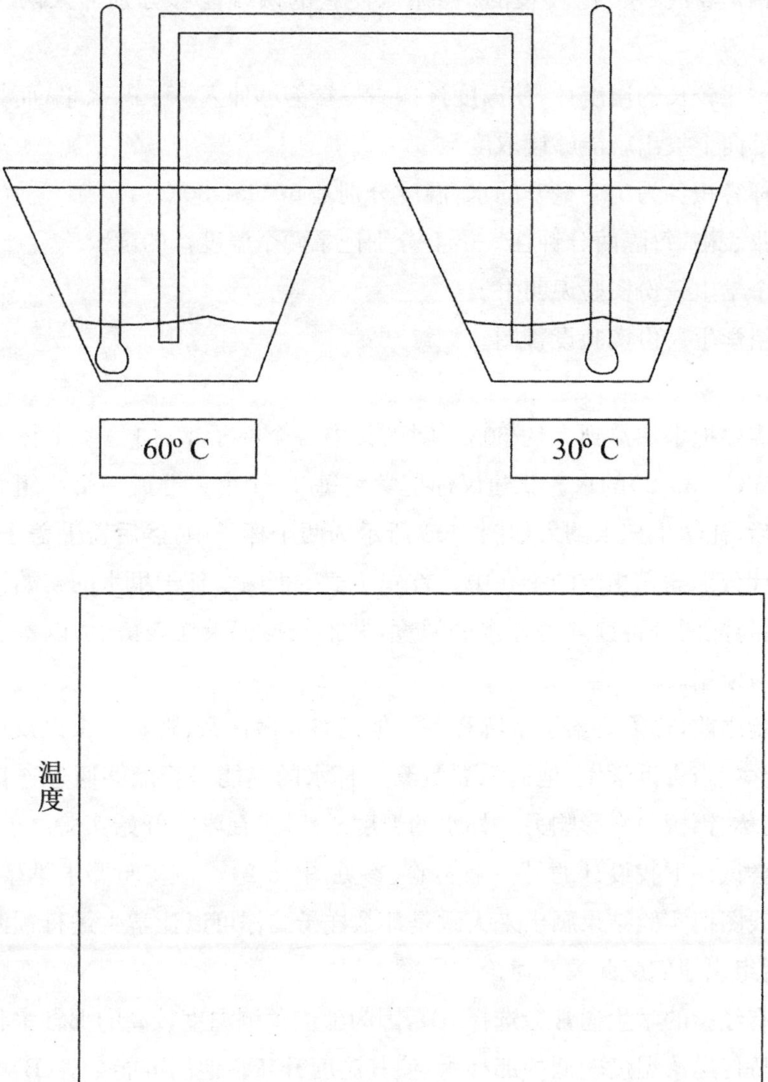

图 15.1　热量计实验设置。用铝箔卷成一根铝棒。用泡沫塑料或其他绝缘材料制作两个杯盖，并在每个杯盖上挖两个小孔。把铝棒和温度计从杯盖的小孔插入水杯中。

• 两个绝缘(泡沫塑料)杯子,各配一个废泡沫塑料制成的盖子。你需要在每个盖子上挖两个小孔,把温度计从一个孔插入,把下文提到的铝棒从另一个孔插入。

• 用铝箔卷成一根比较长的“铝棒”,使它的两端能够分别伸入两个杯子的水里。

• 两个比较长的温度计,使温度计探头一端能够伸入杯子的水里,而另一端不用从杯盖处向上拔出就能够读取度数。

• 两杯容积各为 100 毫升的水,温度分别是 60℃和 30℃。

• 一张表格,每隔两分钟在表格上分别记录两个温度计的读数。

• 每个学生一份实验说明书。

• 每组学生一份实验设置图。

你将需要把水加热到大约 60℃,倒入其中一个杯子里;向另一个杯子倒入室温(大约 25℃—30℃)的水。我建议你把学生每 3—4 个人分成一个小组。一切准备妥当之后,让学生把水倒入如图 15.1 所示的两个杯子中,然后盖上盖子,并把铝棒和温度计分别插入相应的小孔中。首先让学生把两个杯子里水的初始温度测量一下,然后每隔两分钟读取每杯水的温度,并把数据记录在表格上,以备后来画曲线图时参考使用。

在实验之前,你需要给学生解释一下他们将要做什么、观察什么以及用曲线图画什么。你应当告诉学生,他们需要观察一杯水的热能是否能够通过连接两杯水的铝棒(简称“铝桥”)来影响另一杯水的温度。然后,在学生开始实验之前,你可以先让他们尝试一下我设计的另一个实验(参见图 15.2)。该实验要求学生预测,他们使用曲线图把实验结果画出来大致是什么样子。你可以让学生进行预测并给出理由,然后组织他们就此展开讨论。

那些有经验的学生通常会选择(B),因为他们预测温度较高的那杯水将会把热能沿着铝桥传递给温度较低的那杯水,使其温度升高。他们可能会对(B)中的两条曲线为什么不相交而感到迷惑,然而,一旦他们做这个实验,他们的手很可能会触碰到铝桥并感到铝桥发热,这部分热能就会流失到空气中,而不会传递到温度较低的那杯水中。这就意味着,温度较高的那杯水的热能不可能全部传递到温度较低的那杯水中,因此,两杯水的实际温度达到均衡后处在两条曲线稳定后之间的某个水平,不再发生变化。假设热能没有流失,两杯水达到均衡后的温度应该在 45℃

左右。该实验还表明，由于学生能够感觉到铝桥是热的而不是凉的，所以他们应当明白热传递过程中传递的是热能。这里，组织学生进行课堂讨论非常重要，因为它能给那些抱有误解的学生提供机会表达自己的观点，并听取别人的意见。我发现，与老师的意见相比，学生更容易听进去同龄人的意见，然后改正自己的错误观点。

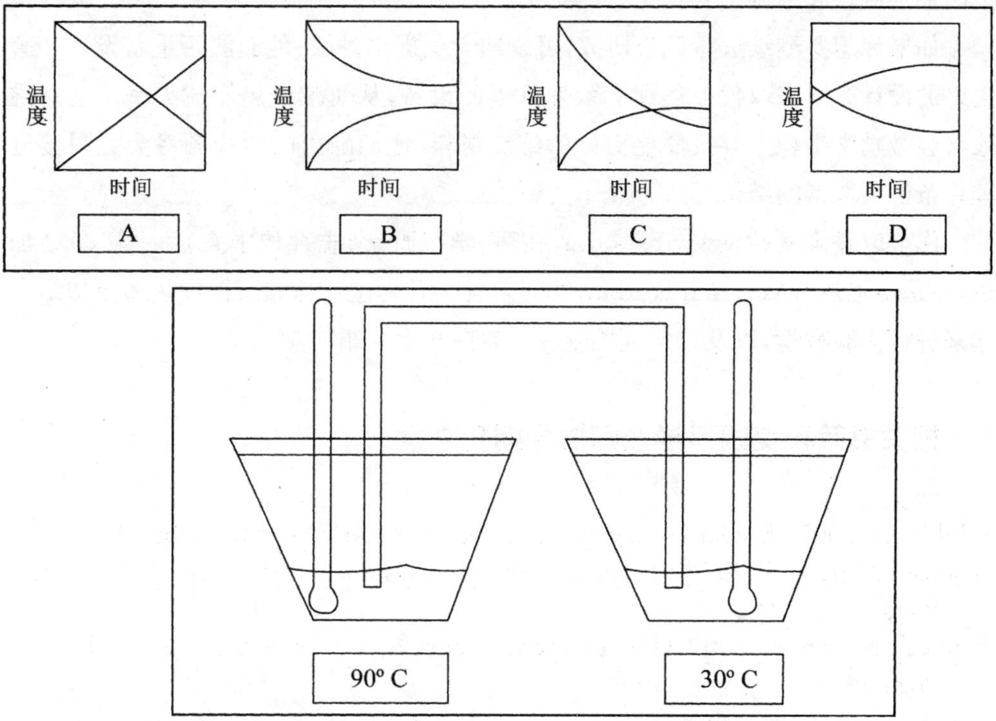

图 15.2　四名学生使用两个泡沫塑料杯制成的热量计，观察热能是如何从一个杯子传导至另一个杯子的。两杯水的容积均为 100 毫升，但是其中一杯温度为 90℃ 的水，另一杯温度为 30℃ 。他们使用一根铝棒把两个杯子以及杯里的水连接起来，并在每杯水中插入一个温度计来测量温度。他们每隔两分钟把温度计的读数记录下来，最后把结果绘制成曲线图，曲线图横坐标为时间、纵坐标为温度。上面四幅图是实验 30 分钟后可能会出现的结果。你认为其中哪一幅图符合学生的实验结果？把你认为正确的选项勾出来并给出理由。

你将会注意到，正确答案是两条曲线在水温达到均衡后一直处于稳定状态，即四个选项中的(B)。其他选项都是错的。选项(A)和(C)中的两条曲线相交，而两杯水温度达到均衡后只可能无限接近平均值，但是永远不可能相交。选项(D)显示两杯水初始温度相同，然后以相同的速度失去或获得热能，这同样是不可能的。

这一实验既有助于学生加深对热能转移概念的理解,又有助于他们提高制作曲线图并予以解读的能力。这样,他们就可以根据自己得出的水混合以后温度变化的结论,为故事续写结局。我预测,有些学生可能会建议,在没有铝棒的情况下把两杯水混合起来温度会发生怎样变化。

如果你想要继续进行调查研究,可以向学生提出挑战:他们能否重新设计一套更好的设计方案来取代上述那套效率低下的设备,从而减少热能流失率。这一挑战将会激励学生积极寻找性能更好的绝缘材料,他们画出的曲线图将会无限接近理想条件下取得的结果。

你可以登录网站 www.nsta.org,在《科学视野》杂志存档中查找一篇文章"加热,还是不加热"(May and Kurbin,2003),看一看一位教师如何把加热和冷却结合起来进行实验教学,以及如何利用绝缘材料向学生介绍比热概念。

相关书籍和美国科学教师协会期刊文章

Childs, G. 2007. A solar energy cycle. *Science and Children* (Mar.): 26–29.

Konicek-Moran, R.2008. Everyday science mysteries. Arlington, VA: NSTA Press.

Konicek-Moran, R. 2009 More everyday science mysteries. Arlington, VA: NSTA Press

参考文献

American Association for the Advancement of Science (AAAS).1993. *Benchmarks for science literacy*. New York: Oxford University Press.

Damonte, K. 2005. Heating up, cooling down. *Science and Children* 42 (9): 47–48.

Keeley, P., F. Eberle, and J. Tugel. 2007. Mixing water. In *Uncovering student ideas in science, volume 2: 25 more formative assessment probes*, 83–89. Arlington, VA: NSTA Press.

May, K., and M. Kurbin. 2003. To heat or not to heat. *Science Scope* 26 (5): 38–41.

National Research Council (NRC). 1996. *National science education standards*. Washington, DC: National Academy Press.
Watson, B., and R. Konicek. 1990. Teaching for conceptual change: Confronting children's experience. *Phi Delta Kappan* 71 (9): 680–685.

第十六章
融化的聚会

凯尔西和朋友们准备举办聚会——一次非常盛大的聚会！她们准备了很多薯片、蛋糕、可乐以及汽水等，参加聚会的将有 12 个女孩，她们会在一起尽情欣赏音乐、打闹嬉戏。凯尔西和露西一整天都在忙着制作冰块，准备放在饮料里使用。她们把周围邻居家的制冰模具都借了过来，装满水之后放进冰箱里冷冻，等女孩们陆续到达的时候，冰箱里的冰块就能够冷冻成形了。凯尔西和露西把家里的碗都找了出来,这些碗各式各样,有金属的,有塑料的,也有玻璃的,等等,她们把冰块放到碗里,然后又把这些碗放到冰箱里以防冰块融化。

凯尔西正在厨房里把一碗碗冰块从冰箱里拿出来,这时伊丽莎白把一张新买的贾斯丁·比伯的歌曲光盘放进CD机。贾斯丁的声音刚一响起,大家都兴奋地尖叫起来,冲进客厅随着歌声舞动起来。凯尔西当然也不甘落后,忙乱之中把两碗冰块遗忘在了厨房的岛台上。

过了许久,女孩们需要更多饮料和冰块,便来到厨房,她们发现被遗忘的两碗冰还放在那里。

"哎呀,一只碗里还有一些冰,而另一只碗里全是水,一个冰块也没有,"尼克尔大声嚷道,"我敢打赌,你肯定忘记把这个金属碗放到冰箱里了。"

"不可能,"凯尔西回答,"这两只碗是我同时从冰箱里拿出来的,去跳舞的时候被忘在了这里!"

"拜托!"尼克尔说,"真是那样的话,为什么一碗冰块化成了水,另一碗冰块还剩一半?别瞎扯了,凯尔西!"

"算了吧!"凯尔西说,"赶紧拿上剩余的冰,回到聚会上去吧。"

第二天,凯尔西、露西和萨拉在收拾房间的时候,发现那两只碗还在厨房岛台上静静地放着。凯尔西就把前一天晚上事情的经过告诉了露西。

"哦,"露西说,"在冰箱中,塑料碗里的冰块比金属碗里的冰块要变得更冷些,因此,它们融化起来也就会慢一些。"

"胡说八道,冰块的温度应该都是一样的,"萨拉说,她一向很有主见,"金属碗闪闪发光,而有光泽的东西往往比塑料等暗淡的东西温度高。由于金属碗的温度较高,所以冰块融化速度较快。你们家所有的炊具都闪闪发光,你觉得这只是巧合吗?"

"金属的东西自然容易变热,"凯尔西说,"这跟有没有光泽毫无关系!你还记得金属制品被太阳暴晒后会变得有多热吗?金属碗是从房间空气中吸收了热量,然后使冰块融化。"

"管他呢!"露西笑着说,"咱们赶紧刷碗,然后离开厨房!"

她们干完活之后就离开了,但是这个问题一直萦绕在凯尔西的脑海里。谁的说法对?有没有人说的对?谁的说法更有道理?

目的

这则故事的一个目的是让学生认识到，不同物质吸收或散发热能的速度不同；另一个目的是让学生弄明白，由于热能在人的手与不同物体之间的传导速度不同，所以你会感觉两个温度相同的物体摸起来温度似乎不同。

相关概念

- 热
- 热能
- 传导
- 导热性
- 温度
- 状态变化（融化）

不要惊讶

学生往往会把注意力放在物体看得见的属性上，例如金属的光泽，而不去关注物体实际是由什么物质构成的。很多学生可能会站在露西这一边，持有如下一个错误观点：虽然冰块同样都是放在冰箱里，但是塑料碗里的冰块会比金属碗里的冰块温度更低。学生持有自相矛盾的观点而不自知，并非个别现象。

内容背景

热是以能量（热能）形式经由以下三种方式从较热物体向较冷物体转移：传导、对流或辐射。本章故事主要讨论的是“传导”。传导是指一种物质的分子或原子与另一种物质的分子或原子之间相互接触。在本章故事中，女孩们争论不休的冰块跟塑料碗以及金属碗都有接触。而当碗的表面跟室内空气接触的时候，便出现了另一个传导过程。

各种物质的导热性能千差万别。例如，金属比非金属的导热性能更强，因为我们说金属的“导热性”高。热能的传导需要物体之间直接接触。较热物体分子比较冷物体分子含有的能量更多，因此运动速度更快。当较热物体分子与较冷物体分子发生碰撞的时候，较热物体分子中的一部分能量转移到较冷物体分子中，使其运动速度加快。较冷物体中的这部分分子与邻近温度更低的分子发生碰撞，由此把部分能量依次传递给它们，直至所有分子的能量达到均衡状态为止。我们可以用温度计来测量或是用身体来感觉这个热活动的平均值，也就是我们所说物体的“温度”。因而，温度是一个系统所含能量的平均值，而不是总值。

这种能量转移形式是日常生活中加热或冷却的基础。热能总是从较热的物体向较冷的物体转移，直至两者达到均衡(或者说温度相同)。你可能已经注意到，我之所以没说它们含有的能量数量相同，是因为这取决于两个物体质量大小。一个常温游泳池的热能会比一杯开水的热能要多得多。游泳池的温度虽然比开水的温度低很多，但是因为它的质量比开水大得多，所以它含有的热量总值要比开水多得多。

我们还可以换一个角度看待质量与温度的关系。以一杯开水和水中的热能为例，你可能不会介意我把一滴开水滴在你手上，但是，如果我把一杯开水都倒在你手上，你肯定不会答应。一滴开水和一杯开水的温度是相同的，但是一杯开水的能量要多得多，如果一杯开水都倒在你手上，由此造成的伤害非常严重。一滴开水可能会让你感到疼一下，却不至于造成严重伤害。

在本章故事中，女孩们把冰块装在不同的碗里之后放入冰箱，我们可以认定冰箱里的温度是恒定的。如果这些碗在冰箱里放置了一定时间之后，冰箱里的空气、冰以及碗等所有东西都应该达到相同的温度。女孩们把这些碗从冰箱拿出后放置在厨房岛台上，它们也就暴露在房间的空气中。由于热能是从较热物体向较冷物体转移，我们可以推断，房间里空气的热能通过传导转移到碗上，然后又通过传导转移到碗里的冰块上。

这时，我们就需要用到“导热性”的概念。金属碗的导热性比塑料碗好得多，这意味着金属碗中的分子传导热能的效率要比塑料碗中的分子高得多，因此，金属碗以及碗中冰块的热能要比塑料碗以及碗中冰块率先达到均衡。结果，塑料碗中还有冰块，而金属碗中的冰块已经融化成了水。

日常生活中有一件事情非常令人迷惑不解：我们用手触摸房间里的一件金属物品，就会感觉它比木头或者塑料物品要凉一些。由于这些物品在房间里已经放置了很长时间，所以它们的温度应该相同，然而，金属摸上去确实更凉一些。继续阅读下文之前，请思考一下这是为什么。

因为温度存在差异，所以热能会从你的身体向金属或木头流动。你的体温比室温要高(除非你碰巧是在桑拿房里)，当你接触金属时，热能从身体转移至金属的速度要比转移至木头要快，因此，金属摸上去要凉一些。你的身体使你误以为金属较冷，而实际情况并非如此。

你有没有注意到一个有趣的现象：两个物体的温度差异越大，它们之间温度达到均衡的速度越快。这一温差通常用 ΔT(德尔塔 T)表示。一杯茶如果温度很高，它的冷却速度要比温度低时冷却速度更快。这种说法完全符合逻辑，因为能量越高，分子运动速度就越快，就更容易把热能从茶的表面带走。

在我小时候，沙克疫苗[①]还没有问世，家长们最担心的事情就是怕孩子患上小儿麻痹症。每次孩子出现发烧症状，父母就会焦急万分。我的父母就曾无数次用前额来触碰我的前额，试试看我有没有发烧。如果我的体温比他们高，那么他们通过前额就能够明显感觉出来。温度计的工作原理也是如此：如果我们温度计放在某一个地方，它就会从周围吸收热能或者向周围散发热能。如果周围温度比温度计高，温度计中的液体就会通过传导而膨胀；如果周围温度比温度计低，温度计中的液体就会因为散热而收缩。由此可见，热传导现象随时随地都会发生，可以用来解释日常生活中的很多谜团。

《国家科学教育标准》(国家研究委员会，1996)的相关内容

幼儿园— 4 年级：物体和物质的属性

• 物体具有很多可见的属性，包括尺寸、重量、形状、颜色、温度以及与其他物质产生反应的能力。我们可以利用直尺、天平或温度计等工具对这些属性进行测量。

• 物体是由一种或多种材料组成的，例如纸、木材以及金属等。

• 我们可以借助构成某物体的物质属性对其进行描述，也可以利用这些属性对一组物体或物质进行区分或归类。

---

① 译者注：沙克疫苗，又称“去活化脊髓灰质炎疫苗”，是脊髓灰质炎疫苗的一种。

幼儿园—4 年级:光、热、电和磁

• 热的产生有多种方式,例如燃烧、摩擦或两种物质的混合等。热可以从一个物体转移到另一个物体。

5—8 年级:能量转移

• 能量是很多物质的属性之一,与热、光、电、机械运动、声音、核能或化学变化的性质有关。能量转移有多种方式。

• 热量转移具有可预见性,总是从较热物体向较冷物体转移,直到两者达到相同的温度。

《科学素养基准》(美国科学发展协会,1993)的相关内容

幼儿园—2 年级:能量转化

• 太阳给大地、空气和水带来温暖。

3—5 年级:能量转化

• 把较热物体和较冷物体放在一起,前者失去热量,后者吸收热量,直到两者达到相同的温度。较热物体可以通过直接接触或相隔一定距离使较冷物体变暖。

• 有些物质的导热性能比其他物质好。不良导体能减少热量损失。

6—8 年级:能量转化

• 热量可以通过原子碰撞在物质之间转移,或者通过辐射在空间中传播。如果是液态物质,其内部会产生对流,有助于热量转移。

• 能量以不同形式存在。热能是分子的不规则运动。

在幼儿园—4 年级中使用这个故事

低年级学生也能够理解物态变化,例如,水从液态变成固态(冰)或气态(水蒸气),反之亦然。我喜欢给学生每人发一个放在塑料盘子里的冰块,然后让他们进

行一场冰块比赛，看一看谁能够在不触碰冰块的情况下先让冰块尽快融化。亲眼看到物质状态的变化对于孩子们在长大后理解这个概念是最重要的。低年级的孩子们似乎永远都不会厌倦去观察物质状态的变化，因而正好可以给他们介绍热能这个概念在这一过程中发挥的作用。

如果你采用这一游戏，最好让学生选择不同材质的盘子盛放冰块，你就能够从中了解到，哪些学生已经明白什么材料制成的盘子是热的良导体，对冰块融化速度至关重要。如果他们选择了这样的盘子，无论后来使用什么方法加快冰块融化的速度，他们从一开始就已经领先了一步。

国家科学教师协会会员可以从该协会网站上找到一篇文章“加热，冷却”(达蒙特，2005)。该文主要探讨沙子、水和土壤三者的比热差异问题。比热是指单位质量物体改变单位温度时吸收或散发的热量，任何物质都有自己的比热。例如，同等质量的水和沙子上升到同样温度，前者需要吸收的热量是后者的5倍，同理，水散热的速度也要比沙子慢到五分之一。如果你在热天赤脚走在沙滩上，就能够明显感觉这一点。因为沙子升温速度比水快得多，其中的热能经过传导迅速转移至你的脚上，令你感到很烫，此时你最想做的恐怕就是赶紧跑到水中！

三、四年级的学生听完故事后肯定想“情景再现”，他们通过自己动手实验会发现故事中的问题确实存在。你可以让学生使用不同材质的容器，观察其中的冰块融化速度有什么不同。当然，你需要帮助他们把各种可能的结果逐一列举出来，并教他们如何控制各种变量。

为了取得立竿见影的效果，迅速吸引学生的注意力，你可以把一个金属杯(或易拉罐)和一个塑料杯(使用泡沫塑料杯效果更好)分别倒扣在桌子上，然后在杯底各放一个冰块。你最好把杯子外壁的纸质标签清除干净，这样杯子与空气接触的表面积更大。金属杯从空气中吸收热量的速度要比塑料快得多，因此金属杯底的冰块立即开始融化，而塑料杯底的冰块需要很长一段时间才能融化。随后的讨论将会使学生明白一个事实：盛放冰块的两个杯子材质不同。你可以向学生提出如下一个问题：“如果你们用双手去握住杯子，结果会怎样?”你可以借此机会向学生介绍“热能”和“传导”等术语，因为这些术语恰好跟眼下的实验相吻合。你的学生解开了两碗冰块的谜题，便可为故事续写结局了。

在 5—8 年级中使用这个故事

初中生可能也想通过“情景再现”验证故事的内容。不过,在进行这个活动之前,你最好先组织学生充分讨论一番,以便你从中了解他们对热能和热量转移等概念懂得多少。注意倾听学生的讨论,是你了解他们观点的一个好办法,能够为你开展下一步教学做好充分准备。你可以借鉴上一节提到的教学建议,也可以参考达蒙特的文章,以便引导学生更好地理解相关概念。由于这个年龄段的学生对温度计非常熟悉,搞清热能和温度的区别对他们而言应该不是难事,你也可以给学生讲一讲“内容背景”部分提到的一滴开水与一杯开水相对比的内容,这样他们就会对两者的区别印象更深。

上一节提到的使用金属杯和泡沫杯融冰实验肯定也会引发高年级学生展开激烈争论。不过,这个故事本身嵌入的问题就需要学生动手实验,然后才能为故事续写结局。学生可以把故事中几个女孩提到的内容都尝试一下,例如,金属制品有光泽,塑料没有光泽,冰块放在冰箱里会变得有多冷,等等。如果你在制冰模具里的水结冰之前在其中放置一个温度计,就能够知道冰块的内部温度是多少。学生将会发现,无论把什么容器放入冰箱里,容器内冰块的温度与其周围空气的温度都是一样的。这就否定了露西和萨拉的说法,而凯尔西的说法是正确的。

加鲁丝(Galus)在《科学视野》发表一篇文章“科学采样器:太阳灶”(2003),通过一些生动有趣的实例指导我们如何把热以及热传导知识应用于实践。该文作者要求她的学生根据刚刚学到的关于热传导知识,使用常见材料设计出一些太阳灶,利用太阳灶把苹果片烤熟。这类活动能够帮助学生通过理论联系实际来巩固他们学到的知识。

2010 年,有人发起了一个研究项目“国际沸点项目”(International Boiling Point Project),世界各地学生纷纷把各自对“哪些因素将影响水的沸点”问题的实验结果提交给该项目的数据库。尽管这个项目不大可能长期进行下去,但是该网站已经集聚了大量信息,可供你在讲授热能、热传导以及物态变化等概念时参考,网址为 www.ciese.org/curriculum/boilproj/。

相关书籍和美国科学教师协会期刊文章

Keeley, P. 2005. *Science curriculum topic study: Bridging the gap between standards and practice.* Thousand Oaks, CA: Corwin Press.

Keeley, P., F. Eberle, and L. Farrin. 2005. *Uncovering student ideas in science, volume 1: 25 formative assessment probes*. Arlington, VA: NSTA Press.

Keeley, P., F. Eberle, and J. Tugel.2007. *Uncovering student ideas in science, volume 2: 25 more formative assessment probes*. Arlington, VA: NSTA Press.

Keeley, P., F. Eberle, and C. Dorsey. 2008. *Uncovering student ideas in science, volume 3: Another 25 formative assessment probes*. Arlington, VA: NSTA Press.

Keeley, P., and J. Tugel. 2009. *Uncovering student ideas in science, volume 4: 25 new formative assessment probes*. Arlington, VA: NSTA Press.

Konicek-Moran, R. 2008. *Everyday science mysteries: Stories for inquiry-based science teaching*. Arlington, VA: NSTA Press.

Konicek-Moran, R. 2009. *More everyday science mysteries: Stories for inquiry-based science teaching*. Arlington, VA: NSTA Press.

Konicek-Moran, R. 2010. *Even more everyday science mysteries: Stories for inquiry-based science teaching*. Arlington, VA: NSTA Press.

May, K., and M. Kurbin. 2003. To heat or not to heat. *Science Scope* 26 (5): 38–41.

参考文献

Damonte, K. 2005. Heating up, cooling down. *Science and Children* 42 (9): 47–48.

Galus, P. 2003. Science Sampler: A slice of solar. *Science Scope* 26 (8): 56–57.

International Boiling Point Project. 2009. *www.ciese.org/curriculum/boilproj/*

第十七章
歪斜的秋千

艾伦和塞丽娜正走在放学回家的路上，突然发现隔壁邻居家院子里新添了一架秋千，这架秋千挂在一棵大树的树枝上(仔细看图，你就能看出这架秋千的具体模样)。两个孩子忍不住想去试一试这架秋千，于是便去找邻居金先生和金太太(这对年迈的夫妇当时正在院子里干活)，希望征得他们同意。金太太露出了慈祥的笑容。

“你们当然可以试一试。不过，我要提醒一句，这架秋千有点问题。你们试一下就知道了。也许你们能帮我们解决这个问题。”

“谢谢你们，我俩会尽力的。”

艾伦坐在秋千一侧，后退几步后收起脚，让秋千摆动起来。

“嘿，我知道问题出在哪里了，”艾伦说，“这秋千摆动起来歪歪扭扭，而不是像正常的秋千那样前后摆动。塞丽娜，如果你也坐上来，两人重量加起来或许能行。”

塞丽娜坐到艾伦旁边，但是没有效果，秋千还是不能前后正常摆动。

“嘿，”她说，“我在想，秋千是不是跟钟摆一样？我们在学校学过钟摆的原理。也许秋千在这方面出了问题。”

“我想到一个办法可以让秋千离地更高一些，我们把链子截短一些，看看行不行，”艾伦说。

“好的。”塞丽娜说。他们就把秋千两侧的链子分别去掉几个环，这样链子就变短了。

“我们再来试一试。”塞丽娜说。

他们试了一下，结果还是那样。

“可恶，”塞丽娜说，“我原以为这样能行。看样子，我还得再好好学习钟摆知识。我以为自己的知识够用了，但这架秋千跟钟摆还是不太一样。也许我们应当按照这架秋千做一个模型，仔细研究一下它为什么摆动起来歪歪扭扭。”

几天后，他们又一次敲开了邻居家的门，对夫妇俩说：“我们已经知道你们家的秋千问题出在哪里了，我们或许能够帮你们修好它。”

(我要感谢南佛罗里达大学的艾伦·费尔德曼博士，是他启发我产生了“歪斜的秋千”这则故事的创意。)

目的

这则故事有两个目的:一是要求学生在遇到秋千问题时能够想到自己学过的钟摆知识,二是要求他们利用技术手段解决这一问题。秋千的工作原理遵循周期运动规律,而由于悬挂秋千的那根树枝歪斜导致秋千不能正常摆动,这一问题需要学生利用技术手段才能解决。

相关概念

- 周期运动
- 制作模型
- 创造力
- 解决问题
- 分析问题
- 改进产品

不要惊讶

很多学生可能看不出他们学过的钟摆知识与树枝歪斜导致秋千无法正常摆动这一问题之间存在联系。人们很难看出一个问题往往牵涉到它所属的整个系统,秋千就是这样一个系统,因为系统的各个组成部分之间存在联系,解决了其他部分的问题,秋千问题自然也就迎刃而解。

内容背景

为了看出秋千歪斜问题的原因,学生需要具有一定的钟摆知识。秋千是一个由座椅、链子以及树枝组成的系统。本质上,秋千就是一个耦合的钟摆,座椅两侧各是一个简单的钟摆,遵循周期运动的规律。周期运动是指任何重复运动的模式,通常具有相同的时间间隔(周期)。周期是指有规律的重复运动完成一个循环所需要的时间。符合这一定义的运动有很多,其中包括行星围绕太阳的运动、影子在一天中的运动以及爷爷的大钟钟摆的运动等。它还包括水中波浪的运动、一个弹球的弹跳运动或音叉的振动等。显然,它也包括秋千的摆动,就秋千而言,若要秋千前后正常摆动,就必须使两根链子的周期运动保持同步,也就是说,两根链子的长度必须相等。假如秋千一侧的摆动周期与另一侧不同步,那一侧就会比另一侧快或慢,结果就会导致秋千的摆动路线歪斜。

下面我们简要回顾一下钟摆知识。请参阅《日常物理学之谜》第五章“爷爷的大钟”,故事中的女孩想要弄明白如何才能让她家的新钟走时准确。在制订“钟摆”教学计划时,该章故事及其背景材料对你具有很大的参考价值。钟摆是一个由摆杆或摆线与上部轴心组成的系统,而摆杆或摆线下端吊有一个名为“摆锤”的重物。当我们把能量施加到钟摆系统之后,钟摆就会沿着一个弧形轨迹前后持续摆动。钟摆系统可以被改变的变量有:摆锤的重量、从轴心到摆锤质心的长度以及钟摆的摆距(振幅)。关键问题在于,这三个变量中哪一个或几个对钟摆的摆动周期具有影响?实验结果表明只有摆杆长度对摆动周期具有影响。这就是爷爷的大钟或任何摆钟的工作原理。摆锤底部往往附有一个小螺母,可以用来调节摆锤的高度(即改变摆杆的长短),由此改变钟摆的摆动周期,从而改变摆钟的计时机构。摆杆长度增加,摆动周期就会变慢;摆杆长度减少,摆动周期就会变快。

系统是一个非常重要的科学概念,它是指一组相互关联、相互作用的各个组成部分(或物体)的集合。在人体内,有循环系统和呼吸系统等;在宇宙中,有太阳系和银河系等系统;在自然界,有土壤系统、植物组织系统以及生态系统等。系统的一个重要特征是,各个组成部分之间相互关联,如果你改变其中一个部分,其影响就会波及整个系统。例如,在大沼泽地国家公园,有人在无意间把外来鱼种带到这里,就会改变这里的生态系统。这些外来鱼种包括奥斯卡鱼、丽鱼、罗非鱼等,扰乱了食物链和生态环境,对当地鱼种构成严重威胁。系统是一个统括性的概念,其组成部分之间相互关联、相互作用,明白这一点很重要,因为它不仅可以帮助学生更好地理解自然科学教学大纲中各种概念之间的联系,同样能够帮助他们更好地掌握政治和金融等非自然科学系统的知识。

系统可以分为两类:开放系统和封闭系统。开放系统是指地球、溶液以及生态系统之类的系统,它允许其他物质进入或离开该系统(这些物质本身也能是单独的系统)。在封闭系统中,系统以某种方式把各个组成部分封闭在其中,使它们无法离开系统,而其他物质也无法进入该系统。例如,如果你把一根钉子放入一个内部潮湿的密封罐里,那么所有元素都处在这个封闭系统中。为了帮助学生更好地理解系统概念,你可以使用《了解学生的科学想法(四)》(2009)中的两个探究案例“这是系统吗?”和“密封罐里的钉子”。前一个案例有助于学生理解系统是由哪些部分构成的;而后一个案例有助于他们了解封闭系统的定义以及在课堂上的应用,并有助于他们形成正确的世界观。探究案例“密封罐里的钉子”要求学生预测如下一个问题:在一个密封的罐子(封闭系统)里,钉子生锈以后会导致该系统的总重量增加、减少,还是保持不变? 在开放的系统中,钉子生锈以后会导致系统重量增加,这是因为外部元素会给钉子增加重量。而在封闭系统中,只有罐子里的物质参加化学反应,因此系统的总重量遵循质量守恒定律,不会发生变化。

《国家科学教育标准》(国家研究委员会,1996)的相关内容

幼儿园—4 年级:从事科学研究需要具备的能力

- 就环境中的物体、生物或事件提出一个问题。
- 制定简单的调查计划并付诸实施。
- 利用简单的设备和工具收集数据并拓展自身的各种能力。
- 根据数据做出合理解释。
- 把自己的调查结果和科学解释拿出来与他人分享。

5—8 年级:从事科学研究需要具备的能力

- 通过科学调查确定研究课题。
- 制定科学调查计划并付诸实施。
- 利用适当的工具和技巧对数据进行收集、分析并解释。
- 运用批判思维和逻辑思维建立证据和解释之间的关系。

《科学素养基准》(美国科学发展协会,1993)的相关内容

幼儿园—2 年级:科学研究

- 人们往往单凭仔细观察周围的事物就能够学到一些东西,不过,有时候,人们在对那些事物做些什么之后再进行观察,能够学到更多东西。
- “能够尽量准确地描述事物”在科学研究中非常重要,因为它能够让你把自己观察到的结果与他人观察到的结果进行比较。

• 当人们对同一个事物的描述大相径庭的时候，比较好的做法是，重新进行观察，而不是进行无谓的争论。

3—5 年级：科学研究

• 科学研究的结果很少会一模一样，但如果差异过大的话，就有必要弄明白其中的原因。在研究过程中必须严格按照指令去做并认真做好记录，好处之一就在于，一旦结果出现差异，便于查找哪一个环节出了问题。

• 如果有人声称自己知道某种东西的工作原理，科学家们往往会不屑一顾，除非他能够提供充分的证据，而且他的推理过程符合逻辑。

6—8 年级：科学研究

• 如果在实验中同时发生变化的变量不止一个，那么我们很难弄清楚影响实验结果的是哪一个变量。虽然我们并非一定能杜绝外部变量对实验产生干扰，但是，只要研究人员在实验过程中齐心合力，通常能够解决这类问题。

在幼儿园—4 年级中使用这个故事

你可以在黑板上把本章开头的秋千图画出来，或者直接复印出来发给学生，然后要求他们仔细观察秋千的各个组成部分，这样，他们通过仔细观察、认真分析，才能从中找出异常的地方。你可以参考《国家科学教育标准》(国家研究委员会，1996，第 146—147 页)中一篇关于钟摆的文章，看看那位老师是如何出色完成“钟摆系统”的教学任务的。针对年龄较小的学生，你最好让他们首先探索简单的钟摆。在给学生讲述本章内容之前，可以最好先使用“爷爷的大钟”这个故事。

对于年龄较小的学生，虽然他们只需要数一数某一时间段内钟摆来回摆动的次数，但是你应当考虑他们是否具备数数以及做记录的能力。小孩子肯定都玩过秋千，而秋千的确属于一种钟摆。你最好准备两架秋千，把其中一架秋千两侧的挂链截短，然后把两架秋千放在一起对比，这样，学生就能看出它们的摆动周期明显不同。然后，学生可以自己尝试制作秋千并研究其属性。(注：橡胶轮胎秋千比较简单，由于它只用一根链子吊在树枝上，所以摆动起来绝不会像双链秋千那样出现歪斜现象。)

《科学和儿童》杂志刊登过一篇精彩的文章“黑板上的探究”(Buttemer,2006),能够帮助你指导学生如何设计探究方案,国家科学教师协会会员可以在线阅读该文。巴特莫把各种变量写在便笺上,然后根据所要研究的问题对便笺进行排列组合,最终形成一个合理的实验方案。你可以借此机会引导学生把秋千看成是一个系统,并帮助他们了解秋千的各个组成部分。问一问学生,他们能够在改变秋千哪一部分的同时又不至于改变其他部分。这样,学生就会明白应该从何处着手进行调查研究。

我最喜欢的开展探究活动的方式是利用“我们的最佳思维榜”。首先让学生说一说,通过改变哪一个(或哪一些)变量能够改变秋千在一分钟内来回摆动的次数,并让他们给出自己的理由,你把他们的观点和理由都记录在“我们的最佳思维榜”上。接下来,你可以把学生的陈述都改成问题,然后对他们说这些问题都能够通过调查找到答案。你应当帮助学生设计调查方案,注意控制那些不需要测试的变量。学生测试完秋千并把相关数据记录在科学笔记本上以后,你可以问一问他们有哪些科学新发现。让学生把“我们的最佳思维榜”上的内容回顾一遍,看一看他们说过的那些话是否需要根据实验数据予以纠正。这一做法可以帮助学生认识到,无论预测是对还是错,科学家们都能从中学到一些东西,在确凿的实验数据面前勇于改正自己的错误,这是再正常不过的事情。

年龄较小的学生能不能注意到图中树枝是歪斜的,并明白它才是问题的根源,这一点很值得怀疑。然而,教学过程中总是会出现令人惊喜的事情!你可以在操场上用秋千做个示范,把两侧的链子调成一长一短,但是这样一来秋千的座椅不能处于水平状态,学生的注意力就会从链子转移到座椅上去。故事中秋千问题的微妙之处就在于,那架秋千跟正常的秋千一样,座椅本身是水平的。其实,这恰恰说明两根链子的长短非常重要。

三四年级的学生有能力制作问题秋千的模型,老师应当鼓励他们把模型在科学笔记本上画出来。我手头总是准备好各种材料,比如木块、绳子、垫圈以及胶带等,这些材料通常足够学生在课桌上做模型之用。我发现,你最好让学生分成若干小组来研究秋千问题,因为他们在实验时往往需要几个人分别用手抓住秋千的不同部分。另外,在解决秋千问题的过程中,多人参与就意味着他们需要把各人的想法都验证一下。

在 5—8 年级中使用这个故事

初中生完全有能力看懂图中秋千的问题所在,想办法制作秋千模型并找出解决问题的方案。他们以前在实际生活中可能接触过简单的钟摆,因此,你最好先给他们补上一课,然后再让他们利用钟摆知识解决秋千问题。你可以参考上一节的教学建议,引导学生通过亲自调查找出那个导致秋千摆动周期发生变化的变量。你可能还需要帮助他们补上如何设计调查方案以及控制变量的一课。让学生解决"歪斜的秋千"问题所花时间不会超过一个课时。正如上一节的教学建议那样,让学生把歪斜的秋千在科学笔记本上画出来,然后利用仿真的模型进行研究,这一做法将对他们大有裨益。学生以小组合作形式进行研究似乎效果更好,不仅是因为他们在处理材料的时候需要互相帮助,而且是因为他们需要在小组中讨论各自的看法。

有些学生能够立即看出问题在于悬挂秋千的树枝是倾斜的,然后提出相应的解决方案。学生见过的通常都是走廊里那种从水平天花板悬垂下来的秋千,因此,一些学生可能想要在树枝上制作一个新秋千;另一些学生可能会建议用支架、链子和座椅在空地上制作一架独立的秋千,使它不依附天花板或树枝等。还有一些学生会想出更有创意的方法制作秋千或者让秋千的两根挂链长度相等。你可以鼓励学生利用发散思维想出更多解决方案。一位同事曾经教过我,每当学生提出一种办法时,我应当这样鼓励学生说:"好主意! 这的确是'一个'好办法!"这种做法效果的确不错。如果你在设计一个问题时考虑到可以让学生给出多种答案,就会发现他们绝不轻言放弃。你应当尽量对学生的各种答案予以适当鼓励,这样,他们就会从不同角度看待问题,而不是囿于狭隘的管见。

相关书籍和美国科学教师协会期刊文章

Keeley, P, 2005. *Science curriculum topic study: Bridging the gap between standards and practice.* Thousand Oaks, CA: Corwin Press.

Keeley, P., F. Eberle, and L. Farrin. 2005. *Uncovering student ideas in science, volume 1: 25 formative assessment probes.* Arlington, VA: NSTA Press.

Keeley, P., F. Eberle, and J. Tugel.2007. *Uncovering student ideas in science, volume 2: 25 more formative assessment probes*. Arlington, VA: NSTA Press.

Keeley, P., F. Eberle, and C. Dorsey. 2008. *Uncovering student ideas in science, volume 3: Another 25 formative assessment probes*. Arlington, VA: NSTA Press.

Keeley, P., and J. Tugel. 2009. *Uncovering student ideas in science, volume 4: 25 new formative assessment probes*. Arlington, VA: NSTA Press.

Konicek-Moran, R. 2008. *Everyday science mysteries: Stories for inquiry-based science teaching*. Arlington, VA: NSTA Press.

Konicek-Moran, R. 2009. *More everyday science mysteries: Stories for inquiry-based science teaching*. Arlington, VA: NSTA Press.

Konicek-Moran, R. 2010. *Even more everyday science mysteries: Stories for inquiry-based science teaching*. Arlington, VA: NSTA Press.

参考文献

American Association for the Advancement of Science (AAAS).1993. *Benchmarks for science literacy*. New York: Oxford University Press.

Buttemer, H. 2006. Inquiry on board. *Science and Children* 34–39.

Keeley, P., and J. Tugel. 2009. *Uncovering student ideas in science, volume 4: 25 new formative assessment probes*. Arlington, VA: NSTA Press.

Konicek-Moran, R. 2008. *Everyday science mysteries: Stories for inquiry-based science teaching*. Arlington, VA: NSTA Press.

National Research Council (NRC). 1996. *National science education standards*. Washington, DC: National Academy Press.

第十八章
饼干的困境

妈妈准备烘焙饼干，好吃的巧克力豆饼干！瑟蕾莎和妹妹芭芭拉都恨不得饼干马上就能出炉。实际上，离饼干出炉的时间还早着呢，妈妈正忙着把各种配料混合起来，有面粉、小苏打、糖、黄油、鸡蛋以及巧克力豆等。妈妈通常都是先把干配料混合在一起，最后再加入鸡蛋和黄油。就在这时电话铃响了，是找妈妈的。于是,妈妈把盛满混合配料的碗放在岛台上,然后去跟朋友在电话里聊了一会儿。瑟蕾莎和芭芭拉却感觉妈妈仿佛聊了足有一个小时。如果你饿得不行,焦急等待热乎乎的饼干快点出炉的时候,就会感觉时间过得非常慢!

妈妈回来一看那只碗,惊讶地说:“糟糕,我忘记刚才有没有放小苏打。无论是没有放,还是再放一遍,都做不成饼干。我恐怕要重新开始!”

妈妈又拿出一个一模一样的碗,重新开始把配料混合起来。这一次,她首先把小苏打放进去,然后在配料表上把这一项勾掉。把所有干配料都混合好之后,她准备往碗里加鸡蛋和黄油。

你猜怎么着,门铃响了,当然又是找妈妈的。就在妈妈去开门的时候,爸爸走进厨房,看到岛台上的两只碗。他想:“我得把这两只碗挪到一边去,好腾出空来做一个三明治。”

妈妈回来之后看到碗不在原处,就问两个孩子:“你们动这两只碗了吗?”

“我们没有动,是爸爸动的,因为他要腾出空来做三明治,”瑟蕾莎说,“这两只碗哪个是哪个啊?”

“哎呀,”妈妈说,“我也看不出区别!我也懒得再重新做一遍!倒掉真是太浪费了!”

眼看着美味的饼干就要化为泡影,瑟蕾莎和芭芭拉可不愿意就这么轻易放弃。瑟蕾莎把两只碗端起来,转身对妈妈说:“妈妈,我们在学校里做过一种名叫‘神奇的粉末’的实验活动。如果你给我们一些时间,我们肯定能够查清碗里的配料分别是什么。不过,我们需要用到碗橱里的一些东西。”

妈妈当然很乐意让她们来解决这个疑案,帮助两人找到所需的材料用以查验碗里的配料。仅仅几分钟时间,她们就找到了问题的答案。然后,妈妈烘焙出两炉香喷喷的饼干。

半小时后,爸爸一边嚼着饼干一边说:“真棒!你们俩到底是怎么做到的呢?”

目的

本章故事是根据《初级科学研究》(*Elementary Science Study*,ESS)一书中的实验活动"神奇的粉末"改编的。原先的实验活动只是要求学生学习如何对各种配料进行测试,而没有任何激励手段。艾莉西亚·派克(Alecia Peck)在马萨诸塞州西部为自己任教的三年级一个班编写了类似的故事。当然,实验结束后全班学生都品尝到了美味的饼干,算是对他们的犒赏。派克的版本此后被编入她那个学区三年级的教学大纲。本章故事有两个目的:一是鼓励学生遇到问题时积极想办法予以解决,二是鼓励他们利用集体智慧查明某种混合物中的各种化学成分。

相关概念

- 化学反应
- 设计科学调查方案
- 解决问题

不要惊讶

一些学生可能没有做过淀粉、小苏打、泡打粉、糖、盐或面粉等食材的测试实验,还有一些学生可能不知道如何设计调查方案以及控制变量。在读完故事之后的讨论环节中,你就能够了解到学生在哪些方面还存在不足之处。

内容背景

当两种或两种以上物质在一起发生反应生成新的物质时,这实际上是化学反应,因为新生成物质的属性跟原先参与反应的各种物质都不同。醋和小苏打混合起来就会生成新的物质,而作为这一反应副产品的二氧化碳以滋滋冒出的气泡形式出现。尽管醋和小苏打都不是气体,结果却有气体产生,由此可见这一过程属于化学反应。

物态变化至少有两种常见且看得见的方式:物理变化和化学变化。物质的状态、形状或颜色等发生变化时通常被称为"物理变化"。物体融化或结冰、被铸造成不同的形状或者变成混合物的组成部分,这些现象都属于物理变化。物理变化不改变物质的化学性质。蒸发、凝结、融化、结冰以及升华(从固态直接变成气态)等都是物理变化的例子。把木头制成雕像,或者用锤子把一块软金属敲扁,这些也是物理变化的例子。把两种物质混合起来,但是两者并不发生化学反应,这同样是物理变化的例子。把盐或糖倒入水中,盐或糖就会在水中溶解,但是盐、糖或水的化学构成都没有发生变化。水能够蒸发(这也是物理变化),留下盐或糖,由此表明它们在溶解后并没有与水真正合二为一。这一例子以及上述诸例都表明,它们都属于物理变化。

另一方面,化学变化则涉及反应物在分子层面发生变化,并且涉及新物质的生成。生锈是一个众所周知的化学反应例子。氧气和铁发生反应生成一种新的化合物氧化铁,通常被称为"铁锈"。一般而言,生锈现象在潮湿环境中更容易发生,因为潮湿环境中的其他元素能够加快带电原子的运动速度。带电的原子被称为离子,原子在失去或获得电子后带正电荷或负电荷,即正离子或负离子。在化学反应中,生成物的化学性质跟反应过程涉及的反应物都不同。这些化学反应要么释放光和热,要么需要光和热促使反应发生。

本章故事将会用到两种最为常见的化学反应。首先,碘(以碘化钾的形式存在)与面粉(淀粉)反应将会使面粉变成蓝色或蓝黑色。醋(乙酸)与小苏打(碳酸氢钠)反应将会产生二氧化碳气体,也就是我们观察到的气泡。若要让糖熔化,必须把它加热到100℃(210℉)以上,这样才能够使糖与氧气结合(被称为氧化)。你闻到的诱人气味就是糖熔化释放出来的。法式甜点焦糖布丁的糖霜制作方法是,点心师先往布丁顶部添加一些糖,然后用手持加热器对糖加热使其熔化。最后,我们可以使用放大镜查找混合配料中的盐,以微小立方体形状存在的结晶盐很容易被辨认出来。若要进一步确认,我们知道盐能够溶于水,而面粉不能。小苏打也溶于水,然而,它也是配料中唯一能与醋发生反应的物质。糖也能够溶于水,但是它对火焰测试有反应,而盐没有。

《国家科学教育标准》(国家研究委员会,1996)的相关内容

幼儿园—4 年级:物体和物质的属性

• 物体具有很多可见的属性,包括尺寸、重量、形状、颜色、温度以及与其他物质产生反应的能力。

5—8 年级:物体和物质的属性

• 物质以各种特有的方式与其他物质产生化学反应,生成具有不同属性的新物质(化合物)。化学反应中的总质量守恒。

《科学素养基准》(美国科学发展协会,1993)的相关内容

幼儿园—2 年级:物质的结构

• 我们可以借助物体的构成材料(黏土、布或纸等)及其物理属性(颜色、大小、形状、质量、质地或韧性等)对物体进行描述。

• 我们可以通过某些方式改变物质的属性,但是,不同物质对这些方式的反应不尽相同。

3—5 年级:物质的结构

• 当两种或多种物质结合形成一种新的物质时,新物质的属性与原来的物质都不相同。

• 无论一个物体的各组成部分之间通过什么方式结合,该物体的总重量与各部分重量的总和相等。当一个物体被分成若干部分,各部分重量的总和等于原物体的总重量。

6—8 年级:物质的结构

• 由于大多数元素都倾向于跟其他元素相结合,以纯粹形式存在的元素很少。

• 物质之间特别重要的一种反应涉及这些物质与氧发生反应,例如燃烧或生锈等。

• 在一个封闭系统中,无论物质之间如何相互作用、组合或分开,系统的总质量保持不变。"原子"这个概念能够解释物质为什么遵守质量守恒定律。如果原子的数量保持不变,那么无论它们的排列状况如何,其总质量保持不变。

• "原子"这个概念能够解释化学反应过程。当物质之间相互反应生成新的物质时,原物质分子的原子以新的方式重新组合。

在幼儿园—4 年级中使用这个故事

我们最初编写这则故事并把它放在一个关于物质物理变化和化学变化的单元,供三年级学生使用。如前所述,有些老师担心学生只是按照一张指定的表格进行实验操作,而看不出实验与他们的日常生活有什么联系。有鉴于此,我们编写了这则故事,以帮助学生把两者联系起来。在朗读完故事之后,你可以向学生展示两只装满白色粉末的碗,对他们说碗里装的就是故事中提到的那些配料。一只碗里装的是做饼干所需要的全部干配料,包括面粉、糖、小苏打以及盐等,而另一只碗中缺少小苏打。你可以向学生承诺,只要他们能够说出每只碗里面具体装了哪些东西,你就给他们开一个饼干派对。

你可以组织学生通过讨论就问题解决方案达成一致意见,而烘焙出来的巧克力豆饼干将是他们应得的奖励。一开始学生可能茫然不知所措,而过了大约 35 分钟之后,他们就能够共同拟订一份方案,决定对碗里面的每样东西逐一进行测试。他们一致认为,应当从每只碗里取出一份样品并贴上标签,然后五组学生各自拿一份样品进行实验。

如果你问学生是否知道应当如何测试小苏打,就会发现很多学生都懂得醋和小苏打反应会产生气泡,并利用这一原理制作"火箭"或"火山"。他们还能够清楚记得糖被烧焦发出的味道。他们也知道盐在显微镜下是什么样子,而且知道盐能够溶于水。但是,学生可能不知道如何做淀粉实验,因此,你应当用淀粉和碘给他们做一个演示。你还要警告学生,在对每一种物质进行实验时必须注意安全。所有学生必须戴上安全防护眼镜,并且只有在教师指导下才能做燃烧实验。你可以把燃烧器设置好,监督学生把粉末放在一个铝箔盘上,然后让他们观察燃烧过程。

接下来,需要为每一种物质的测试设计实验方案。虽然所有配料都混合在一起,但是这并不会难倒学生。如果你把粉末放在铝箔盘上加热,面粉被烧焦就会发出面包被烤煳的味道，而糖被烧焦则会散发出一种独特的甜味。学生做完所有实验之后将会发现，在一只碗的样品中，所有物质都有反应；而在另一只碗的样品中，只有醋没有任何反应，其他物质都有反应。他们由此可以得出结论，一只碗中的配料是齐全的，而另外那一只碗里缺少小苏打。

当老师问学生应当如何对实验数据进行记录时，往往会出现一个问题。有些学生不明白，为什么非要制作一张包含各种配料的表格，并把实验结果填入相应的地方。教师应当允许每组学生以自己的方式记录数据。对一些小组的学生而言，这样做并没有什么不妥，而对另一些小组的学生而言，他们会觉得老师是在强人所难。老师原本可以坚决要求所有学生统一使用“神奇的粉末”实验活动的表格，但转念一想，还是决定让他们从自己所犯的错误中汲取教训效果更好。那些不肯做记录的学生等到后来需要使用实验数据时，才会意识到做记录的必要性。在以后的实验活动中，他们就会严肃认真地对待记录问题。

学生可以一边津津有味地品尝美味饼干，一边高高兴兴地回顾整个实验过程，并气氛热烈地讨论他们都学到了哪些知识。香脆可口的饼干给科学探究带来一个完美结局，而你是这一切的见证人。

在 5—8 年级中使用这个故事

在高年级学生中间使用这个故事的教学建议与上一节大同小异。有一位教师酌情增加了一些新实验，其中包括 pH 值实验。酸碱测试将会使学生明白，这也是给物质分类的一种方法。酸一般是酸的，而碱一般是苦的，但是，直接用嘴品尝可不是测试物质的好方法，因为这样做可能会非常危险！我们应当使用石蕊试剂进行测试，也可以利用紫甘蓝提取指示剂。我通常把紫甘蓝放在搅拌机里，再添加少许水，进行彻底搅拌。然后，我再用咖啡过滤器对榨出的液体进行过滤，由此得到一种近似粉红色的指示剂。这种指示剂与酸或碱相遇的时候会改变颜色，遇到强酸时会变成红色，遇到强碱时会变成黄绿色。普通家庭里能够找到的酸性东西有柠檬汁、醋和西红柿等，而碱性东西有肥皂、洗涤剂、过氧化氢（双氧水）和抗酸药等。

什么是酸和碱？简单地说，当酸和碱溶于水之后，会分离出氢离子（H^+）和氢氧根离子（OH^-）。如果在溶液中氢离子（H^+）占优势，溶液就呈酸性，反之就呈碱性。你可能已经猜到,如果把酸和碱同时放到溶液中,它们就会中和形成一种中性的物质——水。因此,如果你有胃酸多的毛病,在吃过抗酸药(碱)之后,酸和碱在胃里发生中和反应,你就会感到"药到病除",或者至少能够暂时缓解症状。你可能会打嗝,因为胃要把反应产生的气体排出。

本章故事中唯一能使 pH 值发生明显变化的物质是醋。因为盐、糖、玉米淀粉以及面粉等 pH 值为中性,不可能改变 pH 值。这些物质虽然不能改变 pH 值,但是获得的数据同样重要。如果学生痴迷于紫甘蓝制成的指示剂,你可以让他们使用这种指示剂对洗涤剂、抗酸药或柠檬汁等进行测试,如果你认为安全措施到位,也可以使用洁厕灵之类的强效清洁剂向学生演示,因为它们虽然腐蚀性很强,但是与指示剂发生化学反应格外明显。在实验过程中,一定不能让学生接触到洁厕灵,而且务必让他们戴上安全防护眼镜。

如果你想了解更多关于如何教授化学变化和物理变化的信息,可以登录国家科学教师协会的网站,会员可以下载以往期刊的文章。我向你推荐两篇妙趣横生的文章:"利用简易烘焙炉[①]教化学"(Herald,2004)和"增进学生对物理变化和化学变化的理解"(McIntosh, White and Suter,2009)。我尤其感兴趣的是前一篇文章提到的简易烘焙炉,它们既便宜又安全,可以在教室里放心使用。

相关书籍和美国科学教师协会期刊文章

Keeley, P, 2005. *Science curriculum topic study: Bridging the gap between standards and practice.* Thousand Oaks, CA: Corwin Press.

Keeley, P., F. Eberle, and J. Tugel.2007. *Uncovering student ideas in science, volume 2: 25 more formative assessment probes.* Arlington, VA: NSTA Press.

Keeley, P., F. Eberle, and C. Dorsey. 2008. *Uncovering student ideas in science, volume 3: Another 25 formative assessment probes.* Arlington, VA: NSTA Press.

Keeley, P., and J. Tugel. 2009. *Uncovering student ideas in science, volume 4: 25 new formative assessment probes.* Arlington, VA: NSTA Press.

Konicek-Moran, R. 2008. *Everyday Science Mysteries: Stories for inquiry-based science teaching.* Arlington, VA: NSTA Press.

Konicek-Moran, R. 2009. *More everyday science mysteries: Stories for inquiry-based science teaching.* Arlington, VA: NSTA Press.

① 简易烘焙炉(Easy-Bake Oven),一种简易的烘焙玩具。——译者注

Konicek-Moran, R. 2010. *Even More Everyday Science Mysteries: Stories for inquiry-based science teaching*. Arlington, VA: NSTA Press.

参考文献

American Association for the Advancement of Science (AAAS).1993. *Benchmarks for science literacy.* New York: Oxford University Press.

Elementary Science Study (ESS). 1957. *Mystery powders*. Newton, MA: Education Development Corporation.

Herald, C. 2004. Using Easy-Bake ovens to teach chemistry. *Science Scope* 27 (5): 24–29.

Keeley, P., and J. Tugel. 2009. *Uncovering student ideas in science, volume 4: 25 new formative assessment probes*. Arlington, VA: NSTA Press.

Konicek-Moran, R. 2008. *Everyday Science Mysteries: Stories for inquiry-based science teaching*. Arlington, VA: NSTA Press.

Konicek-Moran, R. 2009. *More everyday science mysteries: Stories for inquiry-based science teaching*. Arlington, VA: NSTA Press.

McIntosh, J., S. White, and R. Suter. 2009. Enhancing student understanding of physical and chemical changes. *Science Scope* 54–58.

National Research Council (NRC). 1996. *National science education standards*. Washington, DC: National Academy Press.

第十九章
卡住了！

吉米盼望着下午能到家附近的操场去玩，因为有些家长刚刚给操场添置了一套新设备。新建的滑梯比旧滑梯高多了，而且下滑速度也快多了。吉米昨天去玩了一回，那速度可真快，感觉真刺激！他迫不及待地想今天再去玩个够。

“把短裤换上，吉米，”妈妈说，“外面太热了。穿牛仔裤肯定热得难受。”

“好的，妈妈，”吉米回答。

吉米脱掉牛仔裤,换上短裤,准备出门。他们还得带上他的小妹妹,而且要给她换衣服,并花了很长时间才把她需要的东西拾掇好。婴儿麻烦事真多,但是妈妈说他小时候也这样。而现在他已经是个大男孩了,正准备去操场上找他的同学一起玩呢。

金属制的新滑梯就在那里,身材高大,溜光顺滑!吉米抬头望了望滑梯,觉得它就跟过山车一样好玩,顺着滑梯一下子就能滑到底。有时候速度快得吓人,这种感觉真刺激。

吉米沿着阶梯爬到滑梯顶部,然后坐到下滑斜坡上。他身后一长队孩子都在催他快点滑下去,然后他们好接着滑。吉米松开手,期待着能够迅速滑到底部。相反,他下滑的速度却非常缓慢,而且还听到滑梯还发出摩擦的声音,双腿与滑梯接触的部分变得很热,在某些地方,他甚至还要动手往后推一下滑梯!

滑到滑梯底部的时候,他感到非常失望,然后又跑过去排队等下一轮。

“也许他们忘记给滑梯打蜡了。”吉米一边沿着阶梯往上爬一边想。他爬到滑梯顶部后又坐到了斜梯上。

“开始!”吉米心里说,“我要飞了!”

这次还是跟上次一样。到底是怎么回事?今天跟昨天唯一不同之处在于,他穿的是短裤而不是牛仔裤,难道是这个原因?那些穿牛仔裤的孩子看上去热得满头大汗,滑起滑梯来却如飞一般的感觉。

目的

这个故事主要讨论两种摩擦:静摩擦和动摩擦。一开始,吉米需要给自己一个推力才能从滑梯顶部开始滑动,这是静摩擦;接下来,当他在重力作用下终于能够在滑梯上滑动的时候,他的皮肤与滑梯之间产生摩擦,这是动摩擦。

相关概念

- 摩擦
- 静摩擦
- 动摩擦
- 净力
- 力
- 相互作用

不要惊讶

你的学生可能会认为摩擦不是一种力。如果有学生懂得,即使在没有运动的情况下也存在摩擦力,这反倒令人称奇了。学生可能还会认为,没有摩擦就没有摩擦力,气体和液体也没有摩擦力。

内容背景

摩擦被科学界承认是一种力,已经是后来的事情了。摩擦力并不属于四种基本力之一,这四种基本力分别是重力、强核力、弱核力和电磁力。摩擦力来自于带电的粒子(比如分子和原子)以及亚原子粒子(比如电子和质子)等之间的电磁力。无论两个物体是固体、气体,还是液体,只要它们表面之间发生互相作用,动能就会转变为热能(或热量)。两个相互接触的表面受到化学键和静电力制约。接触面的粗糙程度对力(摩擦力)的大小具有很大影响。

摩擦力往往被我们视为运动的敌人,因为它阻碍运动。摩擦力总是与作用在某个物体上使其运动的那个力方向相反。这种摩擦能够把一些动能转换成热能,它能把热能散失到空气中去,从而能够降低机械的效率。物理学家们在处理物理问题时往往会加上一个条件“在理想状态下”，无视摩擦力的存在。这样，他们就能够使用公式来计算加速度或其他运动形式，而不用去考虑棘手且难以预测的摩擦力对相互作用物体的干扰。

摩擦力当然令我们感到心烦，然而，假如日常生活中没有摩擦力，那样一个世界将会全然不同。没有摩擦力，我们就无法走路、跑步、开车、骑自行车，甚至无法使用电脑鼠标。你能想象一个没有摩擦力的世界是什么样子吗？从好的方面说，一旦你在推力作用下开始运动，就可以沿直线滑行到任何目的地。从坏的方面说，即使你滑行到一个路口，或者即将撞上一堵墙、一棵树或一个人，也很难改变自己的方向、减速或停下来。我们都会像分子那样无规则地到处碰撞；我们的汽车或自行车都将无法行驶，因为轮胎与路面之间没有相互摩擦的力；我们的鞋子与路面也没有摩擦力，因此我们也就无法行走或奔跑。哪怕只是出现轻微的震动，也会让架子上的东西滑落下来。任何运动着的物体将会保持运动状态，永远也不会停下来。有一件事将会令我们很开心：人类一直想要造出永动机的梦想终于得以实现。听起来似乎不错，但是，至少在我看来，没有摩擦力的世界缺点远远大于其优点。

物理学家们说摩擦有好几种，然而我在这里主要讨论其中的两种：静摩擦和滑动摩擦。当一个物体被放置在一个平面上或者一个斜面顶部时，该物体同时受到几个力作用。首先是要把它拉向地球中心的重力，我们称之为重量。其次是一个向上的反作用力抵消向下的重力，这就是牛顿第三运动定律：每一个力都有一个与它方向相反、大小相等的力。第三，该物体与其所处的平面或斜面之间存在静摩擦力。这个力和惯性一样阻碍该物体运动。惯性是物质的一种属性，阻碍物体运动状态的改变。请记住，根据牛顿第一运动定律，一个物体只有在力的作用下才会改变运动(或静止)的状态，因此，物体只依靠自己并不能运动，但是，当你想要让某个物体运动的时候，你不仅会遇到惯性带来的阻力，还会遇到静摩擦力带来的阻力。人们往往认为，没有运动就没有摩擦力。科学家们认为这种说法是错误的，因为根据现在流行的理论，分子与分子表面之间相互作用能够产生摩擦力。

一旦一个物体受到的力足以克服惯性和静摩擦阻碍进入运动状态，它就会受到动摩擦影响。让这个物体*保持运动*所需要的力要比施加在该物体身上使其*开始运动*的力小，这是因为，既然该物体已经处于运动状态，它就具有动量，而如果要让它停止运动，就需要给它施加另一个力。这个力当然是摩擦力，而且是动摩擦力，不是静摩擦力。假如你想通过向后推而增加向前运动的力，由此对抗与运动方向相反的摩擦力，那么你得到的将是“净力”。如果向前的力大于向后的力，那么净力的方向将会向前。在多数情况下，净力对运动有利，因此动摩擦力要比推力和动量小。就吉米而言，因为他穿的是短裤，而裸露出来的皮肤与滑梯的摩擦力要比牛仔裤与滑梯的摩擦力大，净力对摩擦力有利，所以他就被卡住了。

由此可见，摩擦是两个物体之间的作用力。我们还可以看出，摩擦既是我们的朋友，又是我们的敌人。就本章故事而言，吉米遇到的不仅有静摩擦，而且还有动摩擦。在滑梯的顶部，吉米准备滑动的时候遇到了麻烦，由于他的皮肤与滑梯之间的静摩擦力太大，所以他很难让自己滑动起来。在他进入滑动状态之后，他的皮肤再次与滑梯的表面发生摩擦而产生动摩擦力，所以滑动速度就会慢下来。

如何测量摩擦力？我们通常是测量两个表面之间的阻力。物体表面（比如道路和橡胶鞋底）的阻力当然千差万别，科学家们用 0—1 之间的数值予以表示，数值越大表示阻力越大。两个物体表面阻力之间的比值被称为“摩擦系数”。假设你在草地上跑步，一只脚穿着底部很滑的皮鞋，另一只脚穿着底部粗糙防滑的运动鞋，那么，你认为哪只鞋的摩擦系数高？你可以到附近鞋店看一看运动鞋的鞋底，它们在设计上都具有防滑功能，原因很明显。

我们在公共场所都见过一些警示标志，警告我们要小心刚被拖过的地板。地板上的水分会减少其摩擦力，导致地板很滑，容易使人滑倒或造成更严重后果。我家割草机的塑料座位非常光滑，我每次驾驶割草机转弯的时候，都有被从座位上甩出去的危险。为了安全起见，我不得不在座位上放一个橡胶垫子。驾驶房车旅行的人通常会买一些橡胶垫放在碗橱里，以防开车途中餐具及其他厨具从碗橱里滑落下来。这种材质的垫子两面都很粗糙，能够增加碗橱与厨具之间的静摩擦力。

几天前，我驾车从一个建筑工地经过，那里的新型路障引起了我的注意，我在思考它们的形状以及材质有什么特别之处。这些水泥路障底部呈弧形向外突出，即使我开车不小心剐蹭到路障，由于车胎与路障底部接触后产生的动摩擦力很大，所以问题也不大。假如这些车门高的路障是用金属制造的，一旦汽车与其发生剐蹭，后果就会很严重。我要感谢那些工程师，他们在设计路障的时候充分考虑了摩擦问题。

《国家科学教育标准》(国家研究委员会,1996)的相关内容

幼儿园—4 年级:物体的位置和运动

• 我们可以通过跟踪并测量一个物体在单位时间内的位置变化,对其运动状态进行描述。

• 我们可以通过推或拉等动作改变物体的位置和运动状态。改变程度的大小取决于推或拉等力量的强弱。

5—8 年级:运动和力

• 不平衡的力将会导致一个物体的运动速度或方向发生变化。

《科学素养基准》(美国科学发展协会,1993)的相关内容

幼儿园—2 年级:运动

• 改变物体运动的方式是给它施加推力或拉力。

3—5 年级:运动

• 运动的速度或方向改变是由力造成的。

6—8 年级:运动

• 作用在一个物体上的不平衡力将会导致该物体的运动速度或方向发生变化,或两者都发生变化。

在幼儿园—4 年级中使用这个故事

每个学生都遇到过这样或者那样的摩擦力,也许他们没听说过这个名词,但是摩擦力造成的一些后果肯定令他们刻骨铭心。一说起这个讨厌的力,他们就会想到自己遭受过的各种痛苦:在地毯上蹭伤,在健身垫上擦伤,在操场上摔伤,等等。如果学生滑过滑梯的话,那么本章故事将有助于他们理解摩擦力的概念。

你可以让学生列举他们经历过与摩擦有关的事情，然后让他们讨论一下怎样才能避免或减轻那些令他们感到痛苦的意外事故。例如，如果在水泥路面玩踩影子游戏容易擦伤膝盖，那么他们换到草地上玩就可以免受伤害。草地表面要比水泥路面光滑，他们即使摔倒也会继续向前滑一段距离，而不会被擦伤。光滑的垫子能够防止垫子把皮肤磨破，防护服以及其他安全措施能够防止擦伤，等等。你可以借此机会联系本章故事，跟学生讨论一下吉米应该怎样做才能在玩滑梯时不会失望。让我们看一看学生可能建议吉米采取的做法：

- 吉米应当穿一条光滑的裤子。
- 吉米应当在身下垫一条毛巾。
- 吉米应当在身下垫一张报纸。
- 吉米应当在身下垫一张蜡纸。
- 吉米可以给滑梯表面洒点水。
- 吉米可以给滑梯表面打点蜡。

你可以把上述句子改成需要验证的问题，例如：如果把某个东西放在毛巾上，它会滑得更快吗？你可以把不同材质的物品放在滑梯上尝试，看一看哪些物品下滑速度较快。反过来，你也可以看一看哪些材质的斜面能够减缓下滑速度。如果你的学校操场上没有滑梯，你可以在斜坡上放一块光滑的木板用来测试，然后再换成一块表面粗糙些的木板，比较两者的结果有什么不同。

你可以让年龄大一些的学生使用弹簧秤拉动平面上摩擦系数不同的物体。我在积木底面粘贴不同型号的砂纸，在侧面用螺丝钉把钩子固定住，然后把弹簧秤挂在钩子上拉动积木。你还可以在积木上放置一个较重的砝码，以便测量出来的结果差距明显。你应当让学生沿水平方向拉动弹簧秤，把测出的数值作为一个被控变量。我建议，你在做这个实验时最好使用废旧木板，因为砂纸会给课桌表面造成严重磨损。让学生对每一种材料的摩擦效果进行预测并给出理由。你可以让学生比较一下，让一块积木开始运动起来以及在积木运动之后让它保持运动状态，两者之中哪一个需要的力更大？这就涉及静摩擦和动摩擦的概念。

你还可以让年龄大一些的学生再做一个实验，让他们使用食用油、油膏、蜡、水或其他各种润滑剂来尽量减少摩擦力。你需要向学生解释，他们面对的问题是“滑动摩擦”,而不实“滚动摩擦”。滚动摩擦的一个主要特征是,物体表面仅有很小一部分跟斜面接触。由于滚动摩擦的摩擦系数通常比滑动摩擦小很多,滚动物体在斜面上的运动方式跟滑动物体差别很大。带轮子的玩具汽车会从斜面上滚动下来,而积木从斜面滑下来速度就比汽车慢得多。由此涉及的知识具有一定难度,是否有必要让你的学生展开讨论,需要你仔细斟酌。

如果你想要跟学生一起探索更多关于运动的知识,并深入研究牛顿的三个运动定律,我向你推荐《科学和儿童》杂志上一篇适合小学生的文章“科学短裤:认识牛顿”(Ohana,2008)。该文主要描述,老师如何使用玩具汽车做实验,帮助学生学习运动和摩擦的知识。

在 5—8 年级中使用这个故事

高年级学生已经能够使用国际通用的力学单位“牛顿”(猜一猜是以谁的名字命名的?)讨论实验结果。不考虑摩擦力的话,1 牛顿是指“能使一千克质量的物体获得 1 米每平方秒的加速度所需的力”,缩写为 N(之所以要大写,是因为它是以一个人的名字命名的)。千克是国际单位制中度量质量的基本单位。“质量”是指一个物体含有的物质数量以及它拒绝改变自身运动状态的阻力,而“重量”是指该物体与地球之间互相吸引的力,从物理学角度而言,两者区别十分明显。在美国的科学圈子之外,普通人在描述质量时使用“重量”一词,单位为“磅”。描述质量的时候,使用牛顿比使用千克更为恰当,因为牛顿描述的是物体的惯性以及该物体拒绝改变自身状态的阻力。1 千克等于 9.8 牛顿。如果学生想要把牛顿与磅进行换算,得出的结果应为 1 牛顿等于大约 0.225 磅。

由于种种原因,美国没有像其他国家一样采用国际通用的公制度量衡体系,因此,我们美国人在跟外国人打交道的时候,需要对数字进行单位换算。有些学校甚至宁肯教学生如何进行换算,而不肯让他们直接采用公制单位,这岂非咄咄怪事?公制单位已经被各国科学界普遍接受,甚至包括美国!我们欣喜地看到,学生在科学课堂上已经开始使用公制单位,例如,使用牛顿对力进行测量。

在高年级学生中同样可以开展“在幼儿园—4 年级中使用这个故事”一节提到的实验活动。假如学生能够找到刻度是以牛顿为单位的弹簧秤,他们就能直接测量各种不同材料表面的静摩擦力和动摩擦力。你还可以在积木上放置一个较重的砝码，以便测量出来的结果差距明显。实验结果将会表明，一旦最初的静摩擦力被克服、木块开始运动后，动摩擦力要比静摩擦力小。如果你把砂纸粘在积木底面，就非常方便在砂纸下面更换不同的布料进行实验，因为布料粘到砂纸上之后不容易走样。一些老师在称量物体的重量时使用公制单位，把这一过程称为“称质量”。我个人认为，因为质量是物体的一种属性，所以我们最好把它用作名词，而不是动词。你和同事们可以就这个问题讨论一番。

除上述这个实验外，学生使用不同型号砂纸进行实验能够发现，粗糙的砂纸因为摩擦力大，所以能够从木板上打磨掉很多木屑，而细砂纸通常能把木板打磨得更加光滑细腻。学生使用不同型号的砂纸在木板上打磨时，还能够明显感受摩擦产生的热量，你可以让他们比较不同砂纸摩擦产生的热量多少有什么不同。

为了能够让学生拓宽视野，了解一下纯物理之外的其他知识，我向你推荐《科学视野》杂志刊登的一篇文章“放轻脚步：科学摩擦的真相”（Chessin，2009）。该文作者向我们揭示了各种动物如何通过不同方式巧妙地利用摩擦，从而能够在不同物体表面行动自如。另外，她还提到一个很不错的实验活动：先把各种运动鞋分成不同类别，然后测量它们在摩擦作用下对运动产生的阻力大小。

相关书籍和美国科学教师协会期刊文章

Keeley, P. 2005. *Science curriculum topic study: Bridging the gap between standards and practice.* Thousand Oaks, CA: Corwin Press.

Keeley, P., F. Eberle, and J. Tugel.2007. *Uncovering student ideas in science, volume 2: 25 more formative assessment probes*. Arlington, VA: NSTA Press.

Keeley, P., F. Eberle, and C. Dorsey. 2008. *Uncovering student ideas in science, volume 3: Another 25 formative assessment probes*. Arlington, VA: NSTA Press.

Keeley, P., and J. Tugel. 2009. *Uncovering student ideas in science, volume 4: 25 new formative assessment probes*. Arlington, VA: NSTA Press.

Konicek-Moran, R. 2008. *Everyday Science Mysteries: Stories for inquiry-based science teaching*. Arlington, VA: NSTA Press.

Konicek-Moran, R. 2009. *More everyday science mysteries: Stories for inquiry-based science teaching*. Arlington, VA: NSTA Press.

Konicek-Moran, R. 2010. *Even More Everyday Science Mysteries: Stories for inquiry-based science teaching*. Arlington, VA: NSTA Press.

参考文献

American Association for the Advancement of Science (AAAS).1993. *Benchmarks for science literacy.* New York: Oxford University Press.

Chessin, D. 2009. Tread lightly: The truth about science friction. *Science Scope* 32 (6): 25–30.

Keeley, P., and J. Tugel. 2009. *Uncovering student ideas in science, volume 4: 25 new formative assessment probes*. Arlington, VA: NSTA Press.

National Research Council (NRC). 1996. *National science education standards*. Washington, DC: National Academy Press.

Ohana, C. 2008. Science Shorts: "Knowing Newton." *Science & Children* 45 (7): 64–66.